ENTRE MULHERES

Dados Internacionais de Catalogação na Publicação (CIP)
(Câmara Brasileira do Livro, SP, Brasil)

Modesto, Edith
Entre mulheres : depoimentos homoafetivos / Edith Modesto. São Paulo : GLS, 2009.

ISBN 978-85-86755-52-1

1. Bissexuais - Comportamento 2. Bissexualidade feminina 3. Lesbianismo 4. Lesbianismo - Estudo de casos 5. Lésbicas - Comportamento sexual I. Título.

09-02390 CDD-306.7663

Índices para catálogo sistemático:

1. Bissexuais : Relatos biográficos : Sociologia 306.7663
2. Lésbicas : Relatos biográficos : Sociologia 306.7663

ENTRE MULHERES

Depoimentos homoafetivos

EDITH MODESTO

ENTRE MULHERES
depoimentos homoafetivos

Editora executiva: **Soraia Bini Cury**
Editoras assistentes: **Andressa Bezerra e Bibiana Leme**
Capa: **Bárbara Rocha/Finno Design**
Foto da capa: **Laura Doss/Fancy**
Projeto gráfico e diagramação: **Acqua Estúdio Gráfico**

Edições GLS
Rua Itapicuru, 613 - 7º andar
05006-000 - São Paulo - SP
Fone: (11) 3862-3530
e-mail: gls@edgls.com.br
http://www.edgls.com.br

Atendimento ao consumidor:
Summus Editorial
Fone: (11) 3865-9890

Vendas por atacado:
Fone: (11) 3873-8638
Fax: (11) 3873-7085
e-mail: vendas@summus.com.br

Impresso no Brasil

Às amigas que me confiaram suas histórias de vida, suas tristezas e alegrias, seus sentimentos. Espero não decepcioná-las!

Edith Modesto

SUMÁRIO

INTRODUÇÃO

Professora, pesquisadora, escritora de livros de ficção juvenil, um dia, de surpresa, apareceu na minha vida a questão da diversidade sexual, em que eu nunca havia pensado.

Isso aconteceu numa época em que não se falava de diversidade sexual. Não havia gays ou lésbicas nas novelas, nada se falava sobre eles(as) nos jornais, revistas... Homossexualidade era algo em que eu não pensava, e, apesar de professora, era algo muito longe de mim.

Assim, explica-se, pelo menos em parte, o tsunami que foi na minha vida saber que um dos meus filhos, o meu caçula, era homossexual.

Em busca de mais conhecimento e ajuda – devido a minha dificuldade de aceitação do meu filho gay –, há mais de dez anos fundei um grupo de pais de homossexuais, o primeiro do Brasil, e há um ano criei um projeto multicultural para adolescentes e jovens homossexuais, o Projeto Purpurina.

O Grupo de Pais de Homossexuais (GPH) – Associação Brasileira de Pais e Mães de Homossexuais[1] –, grupo presencial e virtual, desenvolve um trabalho de ajuda mútua. Isto é, seu objetivo principal é acolher os pais que têm dificuldade de aceitação, em qualquer estágio do processo em que estiverem, para que, por meio da identificação e da solidariedade, um ajude o outro, mesmo que somente levantando dúvidas e questões que serão pensadas e discutidas por todos.

No grupo de pais, conversamos sobre o que é a homossexualidade, ouvimos muitos desabafos – alguns desesperados –, trocamos palavras de apoio, escutamos relatos de experiências, discutimos textos teóricos e tiramos dúvidas relacionadas à questão, visando a uma reconceituação do assunto. Também indicamos, uns aos outros, instrumentos de mudança – emocionais e práticos.

Abaixo, por exemplo, está a conversa, em data recente, entre duas mães do GPH:

> Mãe 1 – Edith, eu disse a ele que eu daria a vida para ele ser homem. Eu disse que queria morrer e ver ele morto, mas não "viado"... Nada pior poderia ter acontecido na minha vida [...].
>
> Mãe 2 – Querida amiga, eu também fiquei desesperada quando soube que meu filho era gay, como todo mundo aqui no nosso grupo. Mas com o tempo, conversando uns com os outros, fomos nos conformando, já que ficamos sabendo que não foi uma escolha deles. Eles são assim e contam conosco, suas mães, para enfrentar uma sociedade preconceituosa [...].

Minhas crenças sobre a diversidade sexual, hoje, são parte fundamental da filosofia do GPH:

- Sabemos que a homossexualidade é uma condição natural, assim como a heterossexualidade, e portanto não é uma opção nem algo que se aprenda; faz parte da diversidade sexual humana.
- Sabemos que os pais de homossexuais precisam de informações corretas, assim como de apoio e diálogo com outros que vivenciam a mesma situação.
- Acreditamos que a aceitação e o apoio da família ao(à) homossexual são muito importantes para que os jovens possam ter uma vida digna, com elevada autoestima, respeito e integração com os

demais. Sem isso, sua vida perde o sentido e tornam-se depressivos e vulneráveis às condutas de risco.

Paralelamente à fundação do grupo de pais, comecei a desenvolver o projeto para escrever o livro *Vidas em arco-íris*[2], entrevistando mais de oitenta homossexuais, homens e mulheres, de 14 a 62 anos.

Praticamente todas as entrevistas para o livro *Vidas em arco-íris* foram realizadas ao vivo. A maioria dos entrevistados não é famosa. Essa foi uma das escolhas que fiz para aquele livro. Por outro lado, alguns dos entrevistados são pessoas muito conhecidas pelo público em geral e pela comunidade homossexual em particular e também nos honraram com sua confiança.

Durante esses anos, depois da fundação do GPH e do lançamento do livro, algo interessante começou a acontecer. Apesar de eu escrever para adolescentes e me dar muito bem com eles, nunca tinha pensado em trabalhar com jovens homossexuais. Só que os jovens homossexuais – rapazes e moças – começaram a me procurar: vinham à minha casa, telefonavam, mandavam e-mails. O maior interesse desses jovens era saber como conversar com seus pais, como fazer para ser aceitos pela mãe e pelo pai.

A partir daí, por iniciativa do GPH, foi fundado o Projeto Purpurina, um projeto multicultural dedicado aos jovens homossexuais. De modo geral, o objetivo é trabalhar em profundidade a elevação da autoestima do(a) jovem LGBT (lésbica, gay, bissexual, transexual, travesti, transgênero), desenvolvendo todos os assuntos considerados importantes para isso, entre os quais a aproximação dos jovens aos seus pais e familiares.

No Projeto Purpurina pratica-se o "protagonismo juvenil", isto é, os próprios jovens coordenam o projeto embora, quando necessário, sejam monitorados por especialistas. É o único projeto de iniciativa de pais heterossexuais para jovens gays e lésbicas no Brasil.

Do assunto "a aproximação de seus pais" – que se mostrou fundamental para eles – vieram outros muito importantes: dificuldades na escola, dificuldade de fazer amigos, de relacionamento com seus(suas) companheiros(as), dificuldades no trabalho, problemas com as religiões, enfim, basicamente, assuntos relacionados aos preconceitos e discriminação em geral.

Num primeiro momento, os rapazes eram os que mais me procuravam. Mas, ultimamente, muitas mulheres lésbicas, de todas as idades, têm me dado a honra de sua confiança.

Em outubro de 2008 foi lançado o livro *Mãe sempre sabe? Mitos e verdades sobre pais e seus filhos homossexuais*[3]. Nele está a minha experiência de mais de dez anos sobre o relacionamento entre pais, mães e seus filhos homossexuais.

Entre mulheres

Organizar um livro somente sobre mulheres lésbicas ou bissexuais é um projeto antigo. Por sugestão e com o incentivo de amigas, resolvi levá-lo adiante, convidando amigas lésbicas para participar dele. Fiquei muito feliz com a receptividade que tive e agradeço imensamente a todas elas.

Entusiasmada com a ideia do livro, percebi que enriqueceria bastante o trabalho se acrescentasse a ele, além das entrevistas, depoimentos espontâneos de muitas mulheres que me escrevem à procura de ajuda.

Assim, *Entre mulheres – Depoimentos homoafetivos* é formado por dois tipos de depoimento:

a) Na primeira parte, estão depoimentos originários das entrevistas ao vivo, realizadas por meio de perguntas abertas, além de entrevistas enviadas pela web. Os depoimentos originários de entrevistas ao vivo foram gravados, transcritos e editados.

b) Na segunda parte, estão verdadeiros "pedidos de socorro", depoimentos espontâneos que me chegaram, a maioria por e-mail. Esses textos foram mantidos integralmente.

O critério básico de escolha dos depoimentos foi terem sido feitos por mulheres lésbicas ou bissexuais. Pesaram bastante na escolha, também, a espontaneidade e a diversidade das histórias de vida de lésbicas anônimas, de diferentes idades e classes sociais, representativas da comunidade homossexual.

As entrevistadas, com idades entre 14 e 62 anos, são oriundas de vários Estados brasileiros, embora em sua maior parte sejam paulistas, cariocas e mineiras. Algumas mulheres cursaram ou estão cursando o Ensino Fundamental e Ensino Médio e boa parte tem curso superior em andamento ou completo.

Considerando as circunstâncias sociais de preconceito contra a homossexualidade, fui obrigada a omitir no texto muitos dados (nomes de pessoas, cidades, escolas, universidades, empresas) que pudessem prejudicar as entrevistadas ou revelar sua identidade, assim como a das pessoas a que elas se referem. Algumas delas, principalmente as militantes, são apresentadas com suas identidades verdadeiras.

Por que este livro é somente sobre mulheres?

Em primeiro lugar, escolhi escrever sobre mulheres porque sou mulher. Não importa se mulher heterossexual, bissexual ou homossexual, sempre fomos e continuamos sendo discriminadas, apesar das aparências que, atualmente, camuflam essa verdade.

Sofri muito na infância, adolescência e vida adulta por ser mulher. Eu era discriminada o tempo todo em relação ao meu irmão e, mais tarde, pelas normas sociais aceitas para as mulheres, sempre consideradas indivíduos de segunda classe e alijadas de trabalhos intelectuais e de qualquer importância financeira ou política.

Assim, mesmo de diferente orientação sexual, de um modo ou de outro, as amigas que participam deste livro e eu nos identificamos mutuamente pelo preconceito. Nesse sentido, é importante lembrar que as consequências do preconceito, na maioria das vezes, concretizam-se em cadeia, perduram e multiplicam-se no tempo, esmagando a pessoa sem misericórdia. E isso teria acontecido comigo se eu não me rebelasse e lutasse com todas as minhas forças para me libertar dele, assim como minhas amigas sinalizaram fazê-lo ao participar deste livro.

Mesmo assim, há tempos sei que, infelizmente, há mulheres que sofrem ou sofreram bem mais do que eu, pois são dupla ou triplamente discriminadas. No meu contato com mulheres homossexuais e bissexuais (de várias idades, raças, religiões e condições socioculturais), fui e sou testemunha da tortura física e psicológica – a segunda, pior do que a primeira – por que as mulheres passam, somente por serem lésbicas ou bissexuais. É uma perseguição inexplicável logicamente – já que a diversidade sexual é a norma –, a não ser pela dificuldade que as pessoas da nossa cultura têm com a sexualidade e, como resultado direto disso, com as diversidades sexual e de gênero.

Como esses preconceitos nos são impostos desde que nascemos, é muito difícil nos livrarmos deles: "eles grudam mais do que chiclete no cabelo!" Também porque, na verdade, o preconceito é muito mais uma atitude passional do que intelectual; muito mais relacionada aos sentimentos do que ao conhecimento. E lutamos contra vários preconceitos que, muitas vezes, se inter-relacionam e se organizam em níveis de importância. Como disse uma das amigas entrevistadas: "Além de mulher, sou negra e lésbica..."

Ao responder à pergunta "Por que você se interessou por este projeto?", elas disseram que seu principal objetivo era:

a) Informar a sociedade em geral sobre a homossexualidade e sobre o modo de ser e agir das lésbicas.

Carol – Sabe qual é a primeira coisa que falam? "Nossa, você não parece homossexual, você não parece sapata, caminhoneira..." Ou, então, pensam assim: "Ela vai botar cueca, gravata..." [risos] Coisa que eu nunca fiz na minha vida! Edith, você sabe como eu sou feminina... Por que não? Eu vim fazer a entrevista porque eu quero falar isso para o mundo. Temos o direito de ser como somos, assim, assado... [risos]

b) Colaborar especificamente para diminuir o preconceito social.

Bruna – Porque eu acho que as pessoas têm de saber que, na verdade, a homossexualidade não é uma opção, assim como a heterossexualidade não é... Só que a sociedade é preconceituosa.

c) Enfatizar a possibilidade de os homossexuais viverem relacionamentos homoafetivos estáveis.

Clélia – Então acho que esse projeto é pra abrir que as pessoas podem se amar, que existe amor verdadeiro, existe amor de vinte anos do mesmo sexo, trinta anos de duração...

d) Informar a comunidade religiosa sobre a homossexualidade.

Elenice – Concordei pra colaborar com as demais pessoas que pertencem, principalmente, à minha religião. Dentro da minha religião, isso é pouco comentado... Sei que há muitos casos, mas isso não vem a público... E eu acho muito importante levar esse tema pra dentro da minha religião.

e) Contribuir para o autoconhecimento e autoaceitação dos homossexuais.

Jacira – Eu acredito que o seu trabalho vai ajudar muita gente a não sofrer na vida o que eu sofri até poder descobrir todo esse meu lado da homossexualidade... Eu perdi muito tempo na minha vida... Sofri muito por falta de informação [...]

f) Atingir as famílias de origem dos homossexuais.

Marli – Eu acho que esse livro pode ser muito importante pra quando eu for conversar com minha mãe, ou até com parentes, pessoas mais próximas... De repente, abrir o livro e falar: "Olha, este é o meu depoimento. Um pouquinho do que eu passei".

g) Aumentar o próprio autoconhecimento e a autoaceitação.

Carolina – E aceitei por uma questão minha, também, pois eu acho que cada vez que falo sobre essas coisas, entendo mais um pouquinho. Então, é importante pra mim também.

h) Aumentar a visibilidade social das lésbicas.

Alice – Também tirar essa identidade de que as mulheres nunca participam de nada.
Cristina – Para as lésbicas não ficarem de fora, porque muitas ainda têm preconceitos dentro delas e têm medo de responder a uma entrevista admitindo o que elas realmente são...

PARTE I

ENTREVISTAS/DEPOIMENTOS

"NASCI HOMOSSEXUAL"[4]

MARIA TERESA (59 ANOS, PROFESSORA)

Amores de infância

Nasci homossexual. Minhas primeiras lembranças são de quando eu tinha 5 anos e me apaixonei perdidamente pela empregada que minha mãe acabara de contratar. Naquela época, éramos uma família de sete filhos. Somaríamos treze, alguns anos mais tarde. Embora trabalhasse sem cessar, minha mãe não conseguia dar conta de todas as tarefas. E entre as muitas candidatas que se apresentaram, escolheu Olga para ajudá-la. A nova "governanta" tinha estatura mediana, tez alva, cabelos muito negros cortados no estilo Chanel e, apesar da juventude, um semblante sério, quase triste. Eu estava sempre por perto. Ela me acariciava de maneira delicada e, vez por outra, me dava um beijo na bochecha. Era o delírio. Sonhava com aquela moça bonita me carregando no colo e me abraçando. Menos de seis meses depois, para minha decepção e tormento, ela foi despedida. Depois de Olga vieram muitas outras empregadas. Nenhuma igual a ela. Nunca mais a vi.

Um mundo povoado de mulheres

Minha segunda paixão platônica foi por Alice, uma colega de escola. Dos 10 aos 15 anos, alimentei aquele amor secreto. Alice era tudo para mim. Adorava seu jeito calado, meio amuado. Estudávamos na mesma sala. Quando ela chegava, com seu cabelo avermelhado, o rosto cheio de sardas, tudo se transformava em luz, brilho, riso e alegria. Combinávamos tanto que ela arranjou um namorado, eu também arranjei. Ela terminou com o rapaz. Eu também terminei. Fazíamos tudo juntas. Crescíamos unidas, sem dar uma palavra sobre o assunto. Um dia, ela se apaixonou por um jovem moreno, de olhos azuis, e, na primeira noite que passaram juntos, ficou grávida. Nossa amizade continuou, mas meu sentimento mudou. Havia começado a trabalhar no hospital da cidade e minha atenção já estava se voltando para Eunice, minha colega de trabalho.

Meu mundo era povoado de mulheres. Minha mãe, sete irmãs e duas empregadas. Embora houvesse meu pai e outros quatro irmãos, era com minhas irmãs que eu passava praticamente todo o meu tempo. Com duas delas em especial, pois gostávamos das mesmas coisas: soltar pipa, jogar bolinha de gude, procurar passarinhos e brincar de casinha. Mas minha atividade preferida era ler. Lia tudo. Amava descer para o quintal, me sentar no tronco de uma árvore e ler os livros que me caíam às mãos, inclusive aqueles de bolso contando histórias do Velho Oeste norte-americano e os poetas que me foram apresentados nas aulas de literatura: Olavo Bilac, Casimiro de Abreu, Castro Alves, Gonçalves Dias, Carlos Drummond de Andrade e tantos outros. Minha mãe, orgulhosa, costumava me chamar para declamar poemas para as visitas.

Todas as minhas irmãs tinham namorado. Eu não. À noite, ficava estudando, lendo ou distraída contando as estrelas no céu e pensando sempre no tremendo mistério que era para mim o universo. Desde os 5 anos, quando comecei a ser alfabetizada, o meu melhor amigo era Álvaro, pra mim, o ser mais inteligente do mundo. Tinha a mesma idade que eu e a sensibilidade e os trejeitos inconfundíveis de um gay. "Querer saber por que alguém é homossexual é o mesmo que tentar descobrir por que o limoeiro dá limão", ele costumava dizer com seu característico pragmatismo.

Amor lésbico

Após lecionar vários anos, sem sentir qualquer vocação para o magistério, passei a trabalhar na secretaria do hospital da cidade e logo me chamou a atenção a inteligência e simplicidade de Eunice. Tinha apenas 17 anos e uma enorme capacidade de trabalho. Era mais madura do que eu, que já completara meus 21 anos. Para resumir, nos envolvemos. Foi o meu primeiro contato físico com uma mulher. E, embora quisesse muito, fiquei um pouco confusa. Dormimos juntas diversas vezes, inclusive na casa da minha família. Adorava quando deitávamos e começávamos a nos acariciar até o supercontido – não podíamos fazer qualquer barulho – orgasmo. Depois, me vinha um vazio sem tamanho. Queria sumir. Ficava muito sem graça no dia seguinte, sem conseguir olhar para ela. Só paramos de nos relacionar quando eu me demiti do hospital e comecei a trabalhar na capital.

Jornalismo

Fazia dois anos que havia passado no vestibular de jornalismo e o meu amigo Álvaro, agora um jornalista estabelecido, me chamou para trabalhar em um pequeno jornal da capital. Meu primeiro emprego como repórter exigiu muito de mim, pois mal conhecia a avenida Afonso Pena, a principal de Belo Horizonte. No final do terceiro ano de jornalismo, me interessei pela colega de sala que achava mais criativa, ativa e espirituosa, Cris. Ela também se interessou por mim. Aí começou um dos três relacionamentos mais importantes da minha vida. Descobri pouco depois de começarmos a nos relacionar, em 1977, que ela era genial. Sempre cheia de energia, de boas ideias, ativa como ninguém. Com Cris, aprendi a fotografar, andar de bicicleta, nadar e passei a prestar mais atenção em música e cinema. Viajamos quase o Brasil todo juntas. Minha família amava Cris.

Ser "saída" do armário

Foi nessa época que vivi um dos períodos mais difíceis da minha vida. Um dos meus cunhados, o menos inteligente e sensível de todos, contou para outro cunhado que me vira beijando Cris dentro do carro dela. Até então, eu ocultava de todos que me relacionava sexualmente com mulheres. Não falava com ninguém sobre minha intimidade. A conversa sobre o beijo rendeu e num instante, como fogo num rastro de pólvora, toda a família sabia. Eu queria matar o tal cunhado. Não tanto pela consequência da fofoca, mas porque jamais beijara Cris no carro. Acho que ele suspeitava que eu fosse lésbica. E jogou verde para colher maduro.

Nunca me senti tão confusa como nesse tempo. Odiava ver algumas de minhas irmãs me olhando pelo rabo do olho. Outras me fitando como se tivessem dó de mim. Minha mãe não dizia uma palavra. Me tratava como se nada tivesse acontecido. A nossa convivência na minha casa se encaixava bem naquela definição de Guimarães Rosa: "Ser mineiro é não tocar no assunto". Ninguém tinha coragem de me perguntar se era verdade.

Pela primeira vez pensei seriamente na minha condição de homossexual, no fato de que viveria à margem a vida inteira. Foram tempos de medo e profunda solidão. Experimentei sentimentos tão tristes que mais de uma vez pensei em entrar para um convento. Em vez disso, levei adiante a minha carreira de jornalista.

Amores de uma vida

Embora tivesse adoração por Cris, sentia que não a amava com a intensidade que ela merecia. Eu já falava sobre a possibilidade de a gente arranjar novas namoradas. Ela fingia que concordava. Mas eu via que ficava chateada. Um dia, já morávamos juntas em BH, hospedou-se na nossa casa uma jornalista, Anete, que acabara de voltar da Europa. Eu a havia visto na televisão fazendo uma reportagem e comentara com Cris que ela era muito interessante. Mal sabia o que ia acontecer. Na hora de dormir, disse para minha companheira que iria ao quarto de Anete dar boa-noite. Quando cheguei à porta do quarto dela e disse que tinha ido desejar um bom descanso, para minha total perplexidade, ela me convidou: "Por que você não dorme aqui comigo?" Numa atitude da qual viria a me arrepender amargamente mais tarde, porque foi um total desrespeito à pessoa que me amava, eu fiquei. Nunca mais consegui me relacionar sexualmente com Cris.

Anete era cheia de onda. Expansiva, gostava de falar. Tinha 33 anos, dois a mais que eu. Fui me enredando em seu charme e, quando percebi, me apaixonara. A maior paixão que vivi até hoje. Cris ficou tão perdida que resolveu ir viver no Canadá. Muitas vezes chorei de saudades dela. Combinávamos como mão e luva. Viver com ela era uma constante alegria. Não havia problemas, porque ela solucionava tudo. Minha mãe gostava tanto dela que uma noite arrumou uma cama de casal para nós duas. Cris passou a ser um membro da família. Nada disso alterou minha quase obsessão por Anete. Nunca entendi como amei tanto essa mulher que, com certeza involuntariamente, me fez tanto mal. Foi uma daquelas atrações fatais. A gente não conseguia conversar direito. Ela estava sempre falando, não me dava muita chance de me expressar. Na cama, éramos o maior fracasso. Acho que ambas buscávamos a mesma coisa, por isso não conseguíamos dar muito prazer uma à outra. Começávamos bem, mas a sofreguidão ia arrefecendo e terminávamos sempre frustradas. Hoje, acho que aquilo foi um desencontro.

Anete penetrou minha pele, minhas veias, tomou conta de mim. Eu fazia tudo em função dela. Me entreguei sem restrições a essa jovem mulher, cuja criação extremamente rígida no interior de Minas impedia que ela aceitasse sua homossexualidade. Ao mesmo tempo que me amava a ponto de não resistir a mim, abusava da atração que exercia sobre mim. Era só ter plateia, normalmente os parentes dela, para que começasse a debochar dos artigos que eu escrevia, dos meus amigos, das coisas das quais eu gostava. Sempre que podia, se envolvia com alguma outra mulher, como para se vingar por eu ser o objeto do desejo dela. Costumava revelar em público um desdém por mim, que se transformava quando estávamos a sós. Era contraditória. O discurso ia para um lado, enquanto a ação ia para o outro. Minha mãe, com a sua enorme sabedoria, chegou a me dizer: "Largue essa mulher. Ela desorienta você".

Um dia, Cris voltou do Canadá, dizendo que ia passar alguns meses no Brasil antes de embarcar para os Estados Unidos. Queria estudar cinema em Nova York. Eu amava Anete mais do que a mim mesma, mas, como não combinávamos, comecei a achar que deveria seguir o conselho da minha mãe e me separar dela, mesmo sabendo que não teria forças para fazer isso. Com o retorno de Cris, criei coragem e anunciei que também iria para Nova York. Foi uma longa novela. No final, embarcamos. Chorei muito. Vivi dois anos lá. No início, Cris tentou que reatássemos o namoro. Depois, desistiu. Tive pelo menos duas namoradas norte-americanas. Mas escrevia e telefonava com frequência para Anete. Todas as vezes, ela me pedia para voltar. Até que voltei. Ela veio me receber no Aeroporto Tom

Jobim, no Rio de Janeiro, e de lá fomos para Cabo Frio. Meu coração só faltava saltar do peito. Ela me lançava olhares carinhosos.

Chegamos e nos instalamos no hotel. De imediato, vi que nada havia mudado. A nossa tentativa de fazer amor, a sofreguidão, a mesma frustração. Na manhã seguinte, ela já mostrava um ar de enfado. Não tínhamos do que falar. Voltamos para BH. Pouco tempo depois, ela me chamou para dar uma volta de carro e disse que achava melhor a gente terminar o namoro. Não entendi. Minhas vistas escureceram. Foi como se o maior dos absurdos, o impossível, acabasse de acontecer. Uma dor lancinante na alma. Desci do carro e peguei um táxi chorando. Em casa, entrei no quarto e gritei, gritei, até ficar rouca. Apesar de tudo, não estava preparada para aquele desfecho. Peguei uma gripe que levou semanas para ir embora. Fiquei entre deprimida e triste durante muito, muito tempo. Esse é o tipo da desventura que não se esquece. Levei anos para me sentir emocionalmente no prumo outra vez.

Um tempo depois, pensando nesse relacionamento com Anete e em alguns outros, fiz uma promessa a mim mesma: não namoraria mais mulheres que têm dificuldade em aceitar que são homossexuais. Anete, por exemplo, tinha tanto horror em se ver como ela era que jurava ser bissexual. Envolveu-se com um único homem na vida. Nunca mais o viu e falava dele como se tivesse sido o seu grande amor. O problema desse tipo de mulher é que o relacionamento afetivo com ela se torna um eterno sobressalto. Ela esconde da própria sombra sua inclinação sexual. Quando está perto de outras pessoas, finge que nem conhece a companheira. Não há a menor possibilidade de interação da namorada com a família dela. Esse, aliás, é o perfil da mulher homossexual que mais sofre, pois ela tem profunda vergonha de si mesma.

Nesse ponto, o comportamento da família – não é preciso dizer – é fundamental. Há pais e mães que, ao descobrir que têm um filho ou uma filha homossexual, reagem como se aquilo fosse uma tragédia. Comportam-se como se o rapaz ou a moça tivesse contraído uma doença grave e contagiosa. Têm vergonha, escondem o fato de todo mundo. E, muitas vezes, tratam o filho ou a filha em questão como seres anormais, que precisam de tratamento médico. Essa atitude hostil, sem qualquer reflexão, só traz infelicidade para todos. Fui privilegiada. Tive pai e mãe maravilhosos, democráticos, compreensivos e respeitadores dos filhos. A verdade é que nunca tocaram no assunto, como convém aos bons mineiros. Com os meus irmãos e irmãs é a mesma coisa: temos uma convivência maravilhosa.

Após o fracasso do romance com Anete, achei que nunca mais amaria alguém. A sensação é que jamais consegui "consertar" o estrago que aquele relacionamento fez na minha alma. Eu era ingênua demais. E fui acordada do meu sonho com um soco. Mas o grande senhor da vida, o tempo, foi passando e não é que caí na mesma armadilha? Sete anos e alguns namoricos depois, encontrei Liz, a mulher que até hoje ocupa os meus pensamentos. Nos conhecemos em Providence, capital de Rhode Island, o menor Estado norte-americano. Eu, que a essa altura já trabalhava para um grande diário paulista, ganhara uma bolsa da Associação Americana dos Editores de Jornais. Ela, quatro anos e meio mais nova que eu, estudava literatura norte-americana na Brown University. Uma amiga comum aconselhou-a a me procurar, pois eu já estava lá havia um tempo.

A primeira coisa que reparei em Liz foi a timidez. Corava à toa. Também fiquei encantada com sua extrema sensibilidade. De encantamento em encantamento, me apaixonei. Dediquei-me a ela com total paixão. Tínhamos toda intimidade. Conversávamos e ríamos muito. Eu a incluía em todos os meus planos de vida, porque achava que ficaríamos juntas para sempre, até que a morte nos separasse.

Moramos juntas um ano. E viajamos por vários países. Depois, ela voltou para o Brasil. Eu fiquei em Providence. Nos víamos anualmente uma ou duas vezes, mas nos falávamos quase diariamente. Um dia, voltei. Talvez tenha sido um amor louco (e qual não é?). A verdade é que, com o passar do tempo, me apeguei mais e mais a ela. Nutria por Liz um intenso sentimento materno. Queria protegê-la, ajudá-la, impedir que fosse ferida. Percebia que a mulher de aparência forte encobria uma outra, frágil, necessitada de amparo. Admirava sua profundidade, seu jeito introspectivo, seu amor pela música, sua dedicação à mãe e seu rigor ético. Amava Liz inteira. É como se o Criador do universo tivesse me dado o ser que me complementava.

A chegada da menopausa alterou de maneira significativa minha libido. Tentei recuperar o ânimo sexual com a Terapia de Reposição Hormonal, mas não funcionou. Liz também foi esmorecendo. Nos últimos tempos, já quase não nos relacionávamos sexualmente. Mesmo assim, meu amor permanecia intacto. Tão certa estava de que era correspondida, acabei não percebendo que Liz estava se afastando de mim. Cheguei ao cúmulo de achar que estava tudo bem, quando ela me ligou um dia para dizer que havia passado a noite com outra mulher.

Ela era sempre delicada e demonstrava uma alegria genuína quando me via. Foi mudando aos poucos, até o momento em que já não prestava mais atenção ao que eu falava; irritava-se comigo com mais frequência; quando eu dizia que a amava, fazia um ar displicente e soltava um "é?" sem graça. Passamos o réveillon juntas, no Rio. No dia 2 de janeiro, à noite, tive uma conversa com ela. "O que é que está havendo? Por que esse ar tão distante?" "Vamos fazer como Zeca Pagodinho. Vamos deixar a vida nos levar", ela respondeu.

Poucos dias depois, Liz me ligou para dizer que estava "ligada" em outra mulher. Era o fim de mais de quinze anos de relacionamento afetivo. Perplexa, ainda tento entender esse desfecho melancólico – responsável pela minha total desestruturação emocional – do romance mais longo e belo que já vivi.

"ME AFASTEI DA FAMÍLIA"[5]

PILAR (36 ANOS, ARTESÃ)

A dificuldade de se encontrar

Eu me descobri homossexual aos 20 anos de idade. Meu pai morreu quando eu tinha 8 anos. Minha mãe viveu a maior parte da vida viúva. Eu me achava estranha. Sempre pensei que ninguém gostava de mim. Ficava muito triste, sentia uma dor no peito muito grande. Perguntava sempre para a minha mãe se ela gostava de mim. Na adolescência, nunca tive amigos na escola. Era sempre sozinha. Eu achava que tinha um problema psicológico, mas não sabia exatamente o que era. Procurei alguns terapeutas na época. Não me ajudaram muito.

Eu me sentia feia, pouco feminina. Até meus 20 anos, tive namorados. Namorei um rapaz dois anos e, durante esse relacionamento, me interessei por uma amiga nossa. Só descobri isso mais tarde. Fiquei com ele mais um tempo e terminei. A partir daí, comecei a ir a lugares frequentados por mulheres. Trabalhei num local em que comecei a gostar de uma moça. Disse a ela, que acabou me apresentando a tia dela, homossexual. Foi a minha primeira experiência com mulher. Ficamos uma noite juntas. Foi bom, eu gostei. Mas foi só aquela noite.

Tentei sair com outro rapaz. Não rolou nada. Ele me perguntou se eu não me interessava mais por homem. Fiquei chocada, porque eu nunca tinha pensado nisso. E, mesmo para mim, até hoje, é estranho.

Meu irmão também é homossexual e comecei a frequentar os lugares em que ele ia. Ele já morava com um rapaz.

Ninguém conversava

Na nossa família, ninguém conversava. Não tinha diálogo. Aliás, até hoje, não é uma coisa aberta. Nunca conversei com minha mãe sobre isso. Meu irmão era o único com quem eu conversava. A gente ia a barzinhos juntos. Somos quatro mulheres e só ele de homem. Ele chegou a falar da homossexualidade dele com elas.

Quer eu queira, quer não, não posso negar que o apoio da família é muito importante, porque dá segurança. Mesmo assim, nunca conversei com nenhuma delas. E até me afastei da minha família depois que conheci Laura. Ela é uma pessoa muito geniosa. Estamos juntas há cinco anos. No início do nosso relacionamento, eu sentia muita vontade de ir à casa da minha mãe, de almoçar com ela, nos finais de semana. A gente fazia isso. Mas começaram a surgir problemas. Meus cunhados, e até o meu irmão gay, faziam comentários desagradáveis sobre nós duas. Isso passou a acontecer com frequência. Minha mãe nunca tomou partido. Nunca me defendeu. Paramos de nos ver.

Tive que me distanciar da minha família. Paguei o preço, estou pagando. Com Laura, foi paixão à primeira vista. Ela é meu grande amor. Nós nos conhecemos em abril de 1996 em uma festa e em agosto do mesmo ano fomos morar juntas. E assim estamos até hoje.

Laura tem muita vontade de adotar uma criança. Eu já tenho um certo receio, porque nossa condição financeira não é tão boa. Acho que precisaríamos ter uma situação financeira muito melhor para eu aceitar essa ideia dela. O mais importante é que a gente se dá muito bem, se entende perfeitamente.

"QUE MENINA LINDA!"[6]

LIA (26 ANOS, PUBLICITÁRIA)

Infância e adolescência

Eu sou a mais velha, tenho uma irmã e um irmão, com diferença de dois anos entre cada um. Na infância, a gente brincava muito juntos, sempre fomos muito unidos – e somos até hoje –, fazíamos tudo juntos. Eu dormia com minha irmã num quarto e meu irmão no outro, mas aí ele queria dormir com a gente e dormia. Lembro de brincar com minha irmã de cabaninha. Lembro de jogar futebol com meu irmão, brincar de polícia e ladrão. Na escola era tudo "super ok", nunca tive o menor problema. Sempre brinquei muito. Minha mãe diz que dos três filhos eu fui a que menos deu trabalho. Eu era extrovertida, tinha muitos amigos, era ativa, sempre fiz esporte.

A minha adolescência também foi o máximo! Mas ela é por si só um período de descobertas. Foi ótima, mas um pouco confusa num certo momento porque tive essa história da descoberta da homossexualidade. Eu tinha muitos amigos e chegou uma hora em que eu comecei a ter mais amigas meninas do que meninos. Eu aprontei muito. Tinha uma libido ativa com os meninos e era supersafada, mas não transava. Sempre tive namorado. Minha irmã transou com 15 anos, mas eu não transava.

Mais afetividade do que sexo

Quando eu tinha de 17 para 18 anos, tive a primeira atração por uma menina. Aquilo bagunçou a minha cabeça num grau, que eu não queria transar com ninguém. Não queria transar com menino nem com menina, não queria fazer nada. Eu tinha um histórico com meninos superfrequente... Mas, de repente, aconteceu.

Foi assim: eu entrei na FAAP (Fundação Armando Álvares Penteado) e, na primeira semana de aula, estava sentada no corredor, olhando as pessoas passarem. De repente (é por isso que eu não posso dizer que caiu do além na minha cabeça, eu já devia ter alguma vontade) vi, no meio daquele povo, uma garota. Lembro que direcionei o meu olhar. Foi como se todas as pessoas que estavam em volta andassem mais rápido e essa menina viesse andando em câmera lenta. O engraçado é que os meus olhos não saíam dela. Ela veio andando pelo corredor, usando uma calça jeans bem baixa – ela era meio hippie –, estava com a barriga de fora, um bustiê, cabelo ruivo, olhos azuis, inteiramente sardenta. Pensei: "Que menina linda!" Ela veio andando, eu não conseguia mais olhar para nada, e ela entrou na minha classe. A minha vida mudou desde aquele dia. Nós nos tornamos grandes amigas, nunca tivemos nada.

No nosso relacionamento havia muita cobrança. Por exemplo: ela ligava para minha casa. Se eu não estivesse porque tinha ido à padaria, quando eu ligava de volta, ela ficava brava, dizendo que eu não tinha ligado avisando que ia à padaria. Acho que todo mundo sacava que tinha alguma coisa. Mas não rolou nada.

Eu tinha medo de perder a amizade dela, de ficar longe dela, por isso nunca falei nada e a gente continuou amiga durante dois anos, até que ela foi embora. Ela é judia e isso era um problema porque eu sou turca. A mãe dela não deixava entrar na casa dela ninguém que não fosse judeu. Fui a primeira pessoa que não era judia a entrar na casa dela. E a mãe dela me amou e me ama até hoje. Eu me lembro que, quando ela foi embora, meu mundo caiu. Como eu era muito apaixonada e saquei que não ia rolar nada, porque eu não ia ter coragem de fazer nada, e também não tinha certeza se ela tinha algum tipo de sentimento por mim, resolvi me afastar.

A primeira experiência homossexual

Aí aconteceu com essa outra menina. Foi superbacana. Ela nunca tinha transado com menina nenhuma e nem eu. Nunca tinha beijado menina e nem eu. A gente tinha 19 anos, ela namorava um menino e eu também. A gente saía junto, os quatro. Um dia, ficamos juntas na casa dela. Eu estava me sentindo atraída por ela. E tinha resolvido que aquela noite eu ia falar. Falei para minha mãe que ia para a casa dela estudar matemática e fui para lá. E pensei: "Hoje eu falo, preciso tirar isso da minha frente". Acabou que eu não falei nada e na hora de dormir rolou. Foi a coisa mais louca. E eu fiquei surpresa porque eu sabia de mim, mas não sabia se ela tinha... Na verdade, eu nem sei se ela tinha algum tipo de inclinação, se ela já tinha sacado até aquele momento, mas ela é uma pessoa muito aberta, pela natureza dela, e rolou. E a gente acabou ficando juntas uns quatro anos. Foi assim a primeira vez que eu transei.

Enfrentando os pais

Até então, ninguém sabia de nada. Minha mãe desconfiava, claro, é uma pessoa superesperta. Meu pai, coitado, nem imaginava.

Uma vez, minha mãe me chamou – e à minha namorada – e perguntou. E a gente negou.

Dois anos depois, eu estava um pouco fragilizada porque meu avô (pai da minha mãe) tinha morrido. Minha mãe perguntou novamente. Eu não gosto de mentir, eu nunca menti. E eu acabei contando. Ela disse: "Você pode me falar, sou sua mãe, vou te ajudar". E eu falei: "É verdade, a gente namora há dois anos". Na hora em que falei, saiu um peso. Comecei a chorar. Ela ficou atônita. Acho que foi a pior notícia que ela já recebeu na vida, apesar de ter dito que me ajudaria.

Na hora foi tudo bem, mas depois de meia hora foi o caos. Foi a segunda vez que apanhei na minha vida. E já tinha 21 anos. Ela me proibiu de atender aos telefonemas da minha namorada, de encontrar minha namorada. Proibiu tudo. Ligou para o pai da minha namorada! Fez um inferno. Berrava comigo, dizia coisas chulas que eu jamais podia imaginar. Um dia, me atrasei porque passei na pizzaria do meu chefe, que era muito meu amigo. Minha namorada também frequentava essa pizzaria.

Quando cheguei em casa, atrasada, minha mãe estava me esperando para jantar. Ela perguntou o que eu estava fazendo e eu disse que tinha ido à pizzaria. Então ela perguntou: "Você encontrou a fulana?" Eu disse: "Encontrei". Aí, ela começou a berrar, enlouqueceu: "Eu aqui te esperando e você esfregando boceta com boceta". Então, comecei a ficar com raiva, porque achei que ela estava levando para um lado completamente pervertido. Falei que ela estava totalmente enganada. Como eu amava muito essa menina, disse para minha mãe: "Você pode fazer o que quiser comigo, mas não faça nada com ela". Mesmo assim, minha mãe ligou para o pai da menina.

Hoje, olho para trás e acho que fui muito ingênua, porque eu não podia querer que minha mãe tivesse a atitude mais maravilhosa do mundo. É um choque para os pais.

Me lembro que decidi procurar meu pai. Eles já estavam separados fazia uns dois anos e eu fui à casa dele me sentindo mal, chorando. Ele disse: "Minha filha, seja o que for que você for me contar, seu pai já viveu de tudo nessa vida". Os dois são muito jovens. Meu pai deve ter 49 anos mais ou menos. E minha mãe uns 50. Então, ele falou: "Pode falar qualquer coisa, o que está te afligindo, o que está acontecendo". Eu contei: "Estou namorando uma menina". E continuei: "Contei pra mamãe e a reação dela foi péssima". E ele reagiu da maneira mais linda do mundo. Falou: "Tudo bem, uma hora vai passar e sua mãe vai pôr a cabeça no lugar. Se você quiser dormir aqui, dorme. Se você quiser vir morar aqui, vem".

Mas eu continuei morando com minha mãe. Os meus irmãos foram morar com meu pai. Mas eu comecei até a ficar mais próxima dele, frequentar mais a casa dele, porque, afinal de contas, ele me ajudou, me deu o maior apoio. Minha mãe hoje também é maravilhosa. Ela adora minha atual namorada. Não tenho nenhuma queixa. É muito bacana ter o apoio da família, é muito importante porque eu só me acalmei depois que tive o apoio deles.

Preconceito no dia a dia

Como mulher homossexual, o que acho difícil é o dia a dia com o preconceito. Por exemplo, acho que o heterossexual não consegue engolir ou aceitar que uma mulher possa ser homossexual e que viva bem sendo homossexual. Eu convivo com isso e sei como é. Acho que o homem é muito ligado na masculinidade dele. Ele acha que – vou falar vulgarmente – o fato de "ter pinto" é o máximo. Como é que uma mulher pode viver sem o pinto? Já ouvi isso. Eu falo: "Mas, gente, não é só isso que interessa na vida". Acho até mais fácil eles aceitarem que um cara é bichinha. O outro diz: "Eu não sou gay"; mas ele vai lá e come a bichinha, porque para ele não há nada de errado nisso.

Por causa do preconceito, a gente também não tem uma vida aberta. Eu não saio beijando minha namorada na rua, a gente não anda de mãos dadas. São coisas que eu adoraria fazer, porque, para mim, é só uma demonstração do meu sentimento. Não quero agredir ninguém fazendo isso. Mas isso ainda agride. Essa eu acho a grande dificuldade, porque acaba existindo essa panelinha gay – de que eu não gosto. Você sai da sua casa e vai para um lugar gay, onde vai ficar à vontade, vai beijar sua namorada, vai pegar na mão, vai fazer tudo normal. Não acho que é difícil ser feliz, mas acho que não é tão fácil. Você tem que lutar contra muitas coisas.

O desejo de ter filhos

Um grande problema para mim hoje em dia é que quero ter filho. A adoção na minha família já é uma coisa muito normal, porque tem muita gente adotada. Mas eu não penso em adotar, quero ter um filho natural. Tenho essa necessidade. Quero engravidar. É meio conturbado porque eu vivo com uma menina que também quer ser mãe, quer casar, ter filhos, ter uma família. Ainda sou nova. Não dá para ter filho nesse momento da minha vida. Quem sabe eu esteja sendo covarde e, daqui a vinte anos, vai ser supernormal filho de casais homossexuais, e os filhos vão ficar numa boa. Pode ser que eu olhe para trás e diga: "Olha que merda que eu fiz". Mas agora eu não estou preparada.

"COM MEU PAI EU ME DAVA MUITO BEM!"[7]

DORA (40 ANOS, SECRETÁRIA)

Maior identidade com o pai

A primeira menina que eu fui namorar eu tinha 23 anos. Mas eu me apaixonava. Aqueles amores platônicos... E eu escrevia poesias, era legal. Isso não era problema para mim. O meu conflito era com os meus pais. Na verdade, era só com a minha mãe. Com meu pai, eu me dava muito bem! A gente sentava no sofá no domingo e ficava assistindo o jogo, corrida, qualquer coisa. E, sabe quando a gente se entende, nem precisa falar? Ele sabia o que eu estava sentindo, se eu estava preocupada ou não. Eu tinha a mesma coisa com ele. Com minha mãe não. A gente nunca teve muito contato.

A minha amizade era com o meu pai. Ele morreu há uns cinco anos. Quando eu saí de casa, meu problema era com o meu irmão. Eu passei a minha vida inteira brigando com ele, mas brigando feio, brigando de "porrada", de sair sangrando. Fui ficando desgastada. Tinha gastrite nervosa, rinite. Decidi ir embora. Ou eu ia embora, ou ficava louca.

Eu ainda sinto falta de ter uma mãe. Faz três anos que não falo com a minha mãe. Minha irmã sabe onde ela está, tem o endereço, mas eu não sinto vontade de ir lá.

Afastando-se da família

Eu nunca toquei no assunto da homossexualidade com meus pais. A única pessoa que sabe é a minha irmãzinha. Eu contei para minha irmã e foi engraçado porque a gente nunca tinha conversado sobre isso. Ela foi lá em casa e eu apresentei a minha namorada para ela. E ela achou normal. Não sei se ela contou para a minha mãe, mas acho que não. Ela é mais adulta do que eu.

Não tive o apoio da família, mas tive dos meus amigos. Eu trabalhava em um lugar em que todos eram como irmãos. A maioria do pessoal da faculdade se dava bem comigo. A gente ia pra todo lugar juntos. A gente era uma família. Eles me aceitaram numa boa, me apoiaram, acharam legal eu ter me encontrado. Eu não estava sozinha.

Eu saí da casa dos meus pais e fui morar numa pensão. Havia lá uma menina muito simpática, vivia me perguntando se eu ia em bar de "entendida". Em que boate eu ia. Eu ia só a danceterias. Um dia, a dona da pensão disse que estava apaixonada por mim. Eu fiz que não entendi. Pensei: "Eu não sou homossexual, isso é coisa da minha cabeça". E nada aconteceu.

O primeiro relacionamento

Na faculdade, tive uma amiga. Na verdade, tudo começou com amizade, mas eu me apaixonei. Como eu continuava acreditando que nunca ia gostar de mulher, éramos só amigas. Às vezes, andávamos de mãos dadas. Eu estava sentada e ela sentava perto de mim. Com o tempo, comecei a gostar dela, só que não consigo falar quando estou assim. Precisou ela tomar a iniciativa. A gente ficou oito meses juntas. Eu ia para a casa dela e a mãe dela não sabia de nós e me fazia dormir lá para eu não voltar sozinha. No fundo, sempre achei que a mãe dela soubesse, mas ficava numa boa. A gente terminou de uma maneira que eu não entendi e levei muito tempo para superar isso.

Depois, teve uns rolos. Nada muito sério. Não me apaixonei por mais ninguém até conhecer uma mulher, na internet, que mora em outro Estado. Ela era dezoito anos mais velha do que eu. Também foi um amor louco. Eu queria ficar junto, eu queria ir pra lá, mas ela não queria. Ela tinha saído de um relacionamento de vinte anos. Ficamos dois anos e meio juntas. Depois, aconteceu o contrário: minha namorada era mais nova. Eu tinha 25 anos e ela morava a cinco quadras da minha casa. A mãe dela não sabia. Depois, ficou sabendo e sempre me adorou.

Só falta uma namorada

Eu quero ter um amor. Como leitora assídua de romances, eu quero encontrar o meu amor, com certeza. Quando começo um romance, quero que ele dure a vida inteira. Gostaria, inclusive, de me casar com o amor da minha vida. Casar, como as minhas amigas se casaram. Juntar, ficar junto. Se precisar colocar isso no papel, talvez seja legal. Eu quis ter filhos quando tinha 23 anos. Agora, acho que já estou ficando velha pra ter o primeiro filho, mas ainda pode ser, se tiver uma companheira pra encarar isso comigo. Eu não teria coragem de assumir essa responsabilidade sozinha.

Agora, estou vivendo um momento muito bom da minha vida, pois comprei o meu apartamento. Moro no meu apartamento novo desde o final de 2000. Estes últimos anos têm sido de realização de sonhos. Tenho uma casa, consegui comprar. Tenho um emprego legal, estou estável no meu emprego. Sou respeitada naquilo que faço. Tenho a minha guitarra, o meu violão, o meu videogame. Só falta uma namorada. Mas isso vai acontecer com o tempo.

"DE REPENTE, É UMA COISA MEIO INATA..."[8]

MARTA (34 ANOS, ADVOGADA)

Infância e adolescência

A questão é que a gente não consegue entender o porquê da homossexualidade. De repente, é uma coisa meio inata: chega determinado momento da vida em que você começa a perceber que as meninas interessam muito mais do que os meninos. Você sabe que aquilo não é natural, porque o que aprendeu é exatamente o contrário. Só que, quando as coisas começam a acontecer, os envolvimentos, as experiências sexuais, o namoro, o gostar, não dá para fingir que nada está acontecendo.

Eu me lembro que, aos 10 anos de idade, me apaixonei por uma menina, mas era uma coisa sem maldade. A gente brincava de namorar. Com 11-12 anos eu gostava de meninos da escola. Aquela coisa de começo de adolescência. O primeiro beijo foi de um menino, mas acho que o meu primeiro amor já foi uma menina. Minha família se mudou para uma cidade de interior. Quando cheguei lá, não conhecia ninguém. Foi difícil me adaptar. Na escola, na 7ª série[9], fiz amizade com uma menina que também era de outra cidade. Ao mesmo tempo, na escola também passei a ter amizade com um rapaz gay. E comecei a conhecer os amigos e as amigas dele que eram gays. Isso facilitou a minha aproximação com essa minha amiga.

Era a primeira vez que ela também sentia atração por uma pessoa do mesmo sexo. Mas eu tinha aquela coisa na cabeça. Achava que isso não podia acontecer. E quando ela se declarou, eu disse que ela ia esquecer, que o que estava sentindo ia mudar. Estudávamos na mesma sala e, no fim, acabei me envolvendo. Nós começamos a namorar. Foi uma relação traumática, porque, primeiro, a mãe dela nos pegou e a família proibiu a gente de se ver. Mandaram ela para o psicólogo. Depois de um tempo, a minha mãe ficou sabendo. Aí, ela viajou para São Paulo. Não vou esquecer nunca na vida o que ela me falou. Disse que na minha família podia ter puta, galinha, mas mulher-macho não tinha nenhuma. E que, se ela me pegasse com a menina, arrebentava a boca das duas.

Não quero magoar minha mãe!

Quando percebi que era diferente, foi muito difícil pra mim, porque achava que eu não podia ser assim. Eu queria mudar. Então, tentei namorar meninos. Aos 15 anos, comecei a trabalhar e conheci uma menina. Contei minha história para ela e nos tornamos muito amigas. Acabou acontecendo a mesma coisa. Só que o sentimento foi extremamente forte, de uma paixão que eu desconhecia. Quando eu a conheci, ela era noiva, depois se casou. Eu tinha 16 anos e ela, 19. Três meses após o casamento, ela se separou do marido. Tive que enfrentar a minha mãe e o marido dela.

Acho que foi o período de maior sofrimento da minha vida, porque eu queria demais aquela menina. E queria demais não magoar a minha mãe. Eu sou a única filha. Tenho quatro irmãos. Tinha pavor de ser tudo aquilo que a minha mãe não queria que eu fosse. Acho que minha mãe era o meu modelo, porque o que me matava era pensar nela. Mas, a certa altura, eu sentia que, de alguma forma, ela queria me ajudar. Ela esperava que fosse uma fase, que eu ia mudar. Muita gente também falava pra mim que era uma fase, que eu ia encontrar um rapaz, um cara legal, e esse tipo de coisa. Mas eu tinha consciência de que o que eu sentia era muito forte e natural. Diferente de quando eu tentava namorar meninos. Era só começar a ter mais intimidade com eles que alguma coisa brecava. Eu me sentia mal e queria fugir.

Uma amiga me convenceu a fazer terapia. Eu fazia escondido da minha mãe. Não contava para ninguém. E foi muito, muito, muito bom. Aquela terapeuta me ajudou a me aceitar. Eu tinha 17 anos.

Com o tempo, minha mãe passou a me aceitar. Eu achava o máximo. Depois de tudo, ela me apoiar e não se meter na minha vida. Ela conhecia os meus amigos. Foi a um aniversário meu num bar gay. Aquilo pra mim foi a maior felicidade do mundo. Eu poder ser eu mesma, sem tanta preocupação. Até o momento em que conheci a Maria. Ela não tem um tipo muito feminino, então tava na cara que era minha namorada. A hora em que ela bateu com Maria, de cara me perguntou: "Você está resolvida com a Maria?" Em um primeiro momento, fiquei meio sem graça. Depois disse: "Estou".

Um dia, as duas estavam juntas e Maria se referiu a ela como sogra. Nossa! Minha mãe ficou uma fúria: "Sogra é o caralho!", ela falou. "Eu não sou sogra porcaria nenhuma, eu não sou sogra porra nenhuma, que sogra o quê?" Eu fiquei passada. Porque estava achando uma maravilha essa coisa de minha mãe me aceitar e aí ela me vem com essa. Eu disse: "Você quer que eu faça o quê? Eu não posso ter preconceito porque ela é mais masculina ou feminina. E sabe por quê? Porque, no fundo, ela gosta da mesma coisa que eu! Então, que preconceito é esse que você quer que eu tenha?" Minha mãe se conteve. Hoje, graças a Deus, as coisas estão melhores entre nós três...

Infinito enquanto dure

Estou há dois anos e meio com Maria e não tenho essa coisa de que nosso relacionamento vai ser para o resto da vida. Acho que a gente vai viver junto enquanto estiver legal e estivermos trocando coisas boas. Eu prefiro achar que vai ser infinito enquanto durar.

Também não penso em ter filho. Acho que eu não tenho capacidade psicológica de criar um filho, porque é uma responsabilidade muito grande. Não tanto para sustentá-lo, mas para fazer dele uma boa pessoa.

"EU SOU QUEM TEM O MELHOR CASAMENTO NA FAMÍLIA"[10]

FLORA (38 ANOS, CANTORA)

Infância e adolescência

Sempre fui ótima aluna e devo isso aos meus pais, que despertaram em mim o prazer de aprender, ler, conhecer as coisas, investigar etc. Meu pai era professor. Ele morreu quando eu tinha 21 anos. E minha mãe era serventuária da Justiça – agora está aposentada. Eu adorava meus professores. Eles eram como deuses para mim. A atividade que mais gostava na escola era fazer desenhos, escrever redações, fazer teatro, enfim, tudo que fosse relacionado à arte. O que eu mais odiava era ir à escola propriamente dita, já que eu era uma menina muito fechada, que gostava de ficar sozinha brincando em meu próprio quarto. Ou seja, eu gostava de aprender e estudar, mas, devido à minha ligeira sociofobia, sentia dificuldade de me relacionar com os amiguinhos. Talvez por isso tivesse poucos amigos. Meu melhor amigo era meu primo, que estudava na mesma classe que eu.

Minha infância foi feliz, mas a adolescência foi mais complicada... Foi quando comecei a me sentir diferente das outras pessoas e não por causa da minha homossexualidade – a princípio, não conscientemente. Aos 11 anos, tive uma séria síndrome de pânico, achei que o mundo ia acabar. Fiquei meses sem ir à escola, trancada em meu quarto, lendo e fazendo quebra-cabeça. Nessa época, comecei a sentir minhas primeiras atrações sexuais, inicialmente por garotos. Depois, recuperada da crise de pânico, já aos 13 anos, comecei a sentir atração e amor por garotas. Pelos garotos não havia nada além de atração física. Mas pelas garotas, além do tesão, havia paixão. Fui muito solitária até os 14 anos, quando comecei a fazer teatro na escola e fiquei amiga de umas três pessoas que eu achava mais bacanas e que tinham a ver comigo. A minha adolescência, portanto, foi infeliz até os 15 anos e excitante e desafiante depois disso.

Após os 15, quando entrei para o segundo grau[11], fiquei mais popular, mais desinibida e amealhei mais amigos. Tive um namorado nessa época e foi quando me descobri lésbica. Contei pra ele e ele achou muito legal. Nos apaixonamos pela mesma garota. Namoramos a mesma garota.

Descoberta da sexualidade

Descobri que era lésbica quando percebi sentir atração e paixão por outras garotas. Não escolhi. Aconteceu. Eu tinha 15 anos. Para minha sorte, fui correspondida e começamos a namorar. Eu não tinha problemas com isso porque na época, metade da década de 1970, muitos artistas de projeção falavam abertamente sobre homossexualidade [...], como a Gal Costa, que eu adorava, já havia declarado em entrevistas que era lésbica. Eu achei que estava em boa companhia e nunca pensei que ser lésbica fosse um problema. Nunca tive dúvidas em relação à minha homossexualidade. Eu gosto e confio muito na minha homossexualidade para duvidar dela. Ninguém me aliciou e não acredito que alguém possa tornar-se homossexual porque foi aliciado. Escondi minha homossexualidade durante pouco tempo e depois descobri que era melhor ser clara e direta. Hoje, não escondo de ninguém. E como figura pública acho mais importante ainda mostrar a minha cara lésbica.

Já tive vontade de ser homem muitas vezes, não para ter um pau ou para ter barba ou para transar com mulheres, pois o mais legal é ser mulher e transar com uma mulher. Mas tive e tenho, às vezes, vontade de ser homem porque vivemos num país excessivamente machista e há muitas vantagens em ser homem: salários mais altos, dispensa do trabalho doméstico, andar sem camisa, poder mijar em qualquer lugar etc.

A revelação

Eu já havia "catequizado" meus pais antes de revelar a eles que era lésbica, aos 16 anos. Como eles eram pessoas com um histórico de luta contra a ditadura e pela democracia durante os anos de chumbo, sempre incentivaram o diálogo aberto. E não tiverem outra saída a não ser ouvir o meu lado e procurar aceitar. Com o tempo, eles foram se acostumando com a ideia. Meu pai morreu quando eu tinha 21 e ainda não tinha tido nenhuma namorada mais fixa. Minha mãe, hoje em dia, diz que, dos quatro filhos (os outros são heterossexuais), eu sou quem tem o melhor casamento na família. Ela adora a minha namorada, a minha namorada adora a minha mãe, nós viajamos juntas e conversamos sobre tudo abertamente.

Convivendo com o preconceito

Na escola, alguns amigos se afastaram quando descobriram que eu namorava uma garota, aos 16. Não me importei. Os amigos mais importantes, os que eu gostava mais (à exceção de uma), ficaram do meu lado. Além de nascer lésbica, parece que nasci com orgulho de ser lésbica!

Já tive muitas namoradas e sou casada há quinze anos com a mesma mulher. No começo, achava difícil arranjar namorada porque era uma época em que ninguém se declarava abertamente e a gente tinha que adivinhar, tentar descobrir e ficar perguntando sutilmente para saber se a menina era lésbica ou não. Hoje, é bem mais fácil. Primeiro, porque sou mais experiente e consigo identificar, com poucos dados, se uma garota é lésbica ou não. E depois, porque os tempos são outros e as pessoas se assumem homossexuais abertamente. E se perguntar para alguém se ela é lésbica, as chances são bem maiores de a pessoa não se sentir ofendida com a pergunta.

Bissexualidade?

Também já tive relações heterossexuais, não como uma tentativa de "me livrar" da minha homossexualidade, mas porque pintou vontade, pintou tesão e amizade. Tive uns poucos namorados homens – um deles, inclusive, era gay –, que foram relações breves, mas agradáveis. Não tenho nenhum problema com o pinto, muito pelo contrário, acho uma das partes do corpo mais bonitas num homem. E gosto de me relacionar sexualmente com homens, quase tanto quanto com mulheres. Eu faço terapia, não para "resolver" a minha homossexualidade, mas para, entre outras coisas, me conhecer melhor e poder lidar, a partir da minha homossexualidade, com esse mundo tão preconceituoso.

O apoio familiar e o "sair do armário"

O apoio familiar foi fundamental para mim, não só no que se refere à minha homossexualidade, mas também em relação a muitos outros aspectos da minha vida. O mais importante é que na minha família nunca nos prendemos a padrões preestabelecidos de moral católica (apesar de meus pais serem cristãos religiosos heterodoxos de esquerda). Meus pais nunca ligaram para o que os vizinhos iam pensar. Nunca acharam que devíamos "aparentar" isso ou aquilo. Tudo era dito de maneira muito franca e amorosa. Isso facilitou as coisas para mim. Nunca tive vergonha de ser lésbica e digo isso com absoluta franqueza.

Agora, acho que o adolescente que depende emocional e financeiramente dos pais deve avaliar muito se deve ou não contar para eles que é gay. Mas acho também que o importante é ir trabalhando e construindo um caminho para sair do armário. As coisas têm que ser feitas para construir condições de sair do armário, cada um no seu tempo, no seu ritmo. Porque viver às claras é muito melhor. É muito mais quentinho e gostoso viver sob o sol do que mofando em um armário.

Casamento homoafetivo

No caso do casamento homossexual, a maior vantagem é a inexistência da divisão de trabalho doméstico baseado em gênero. Aqui, nós dividimos as tarefas segundo as habilidades de cada uma. Ela faz supermercado, eu guardo as compras. Ela põe a roupa para lavar, eu estendo no varal. Eu cozinho, ela lava os pratos. E assim por diante. Eu até me casaria no papel, pois já estou numa idade em que acumulei bens junto com minha companheira e seria ótimo haver um contrato que amparasse uma de nós na falta da outra, ou no caso (toc-toc-toc) de nos separarmos.

Homossexualismo × homossexualidade

A homossexualidade é um aspecto da sexualidade humana. A palavra "homossexualismo", me parece, é sempre usada com uma conotação de doença, como botulismo, estrabismo etc. Há certa carga derrogatória no termo "homossexualismo", como se fosse, também, uma ideologia, tipo comunismo ou neoliberalismo. Só que homossexualidade não é ideologia nem tampouco uma opção ideológica.

Eu não tenho problemas com as palavras "gay" e "lésbica". Acho as duas muito bonitas e adequadas. "Gay" é "alegre" em inglês, e " lésbica" tem sua raiz etimológica na ilha grega de Lesbos – onde viveu a grande poeta Safo, considerada por Platão a décima musa, que dedicava seus poemas de amor a outras mulheres. Não há o que reclamar de termos tão nobres e felizes!

Preconceitos

Eu deploro as pessoas que têm preconceito contra gays efeminados e lésbicas masculinizadas. Acho o fim da picada querer receitar uma cartilha de conduta, comportamento e vestimenta *low-profile* para homens e mulheres, homossexuais ou não. Acho que a variedade e a diversidade são fatores de enriquecimento de uma cultura, e os homens efeminados e as mulheres masculinizadas só contribuem e enriquecem nossa cultura.

Pelo que pude observar ao longo da minha vida e pelo que já li a respeito, a criação não influi na homossexualidade de ninguém. Eu e meus irmãos tivemos a mesmíssima criação e só eu sou homossexual na família. A causa pode até ser biológica, pois dos homossexuais que conheço todos têm a sensação de que "já nasceram assim".

Foi somente no final do século XIX que se começou a relacionar homossexualidade com identidade pessoal. Antes, não havia os termos "homo" e "heterossexualidade". De maneira nenhuma o que as pessoas faziam na cama definia o que eram. Foi depois da onda cientificista do século XIX que se começou a catalogar e definir categorias sexuais como fetichista, pedófilo, ninfomaníaco, por exemplo. E nessa onda classificaram também o comportamento homossexual, e criou-se uma categoria para abrigar essas pessoas. Só que a sexualidade é muito fluida, plástica e mutante e nem sempre pode ser enclausurada numa categoria fixa.

"FUI SARGENTO DA POLÍCIA FEMININA"[12]

JÚLIA (35 ANOS, AGENTE ADMINISTRATIVA OPERACIONAL)

Dificuldades na infância e adolescência

Sou a filha mais nova de uma grande família, ao todo quatro homens e quatro mulheres. Tive uma boa infância, brinquei bastante com coleguinhas da rua. Na pré-adolescência – com 10 anos – presenciei muitas discussões entre meu pai e minha mãe. Ele sempre rude, ignorante, bebendo bastante. Meu pai, sempre distante de todos, muito na dele, reservado, só gostava de conversar com minha mãe. Na adolescência e depois, dos 13 aos 19 anos, comecei a frequentar bastante a igreja católica, influenciada por meu irmão dois anos mais velho que eu. Aprendi muita coisa boa, fiquei menos tímida e tive boas amizades. Nesse período, bem como no período de pré-adolescência, sempre olhei pra garotos. Inclusive, com apenas 10 anos, tive um namorico. Dos 13 aos 19 anos, eu estava muito envolvida com a igreja, com problemas familiares que muito me prejudicaram no que diz respeito aos estudos – falta de concentração, paz etc. –, pois meu pai sempre bebia e minha mãe não tinha como sair de casa naquele momento. Mudei várias vezes de residência, por conta dessas brigas: eu, minha mãe e uma irmã um pouco mais velha que eu, pois o restante da família já estava com suas famílias formadas.

Tive alguns paqueras, garotos, uma paixão por um rapaz aos 19 anos, mas nada demais. Também com 19 anos prestei vestibular, mesmo sem saber o que queria fazer da vida. Iniciei o curso de Ciências Sociais numa universidade pública, mas abandonei após dois anos.

Meu primeiro e grande amor

Aos 21 anos incompletos, passei num concurso público e fui Sargento da Polícia Feminina do meu Estado (era a primeira turma de policiais militares de lá). Fiz esse concurso por necessidade de trabalhar, pois eu e minha mãe morávamos em uma casa alugada. Ela estava tentando vender a casa dela, mas o processo foi muito demorado, pois meu pai sempre colocava empecilhos. No curso de formação de policiais, conheci duas moças, que se tornaram amigas, que não eram homossexuais.

Quando comecei a trabalhar na polícia, após o curso de formação, fiz uma grande amizade com essas moças. Nós três pensamos em montar um negócio juntas pra ganharmos mais uma grana. Quando eu tinha 25 anos, fomos morar juntas e, *a priori*, tínhamos essa desculpa: o nosso negócio. Só que não foi bem assim. Quando eu saí da casa da minha mãe, ela tinha conseguido se separar, comprou uma casa pra ela e ficou bem triste e preocupada por eu ter saído. Mas, por conhecer e gostar muito dessas minhas amigas, depois de certo tempo ela ficou tranquila. Bem, antes dessa mudança de casa, eu estava muito amiga de uma dessas garotas, uma linda moça, carioca, muito alegre e contagiante. Essa amizade se transformou em algo mais... Ela foi a primeira pessoa pra mim, em todos os sentidos, e eu fui a primeira mulher pra ela. Ambas com 25 anos. Após três ou quatro meses de interesse nosso, fomos morar juntas; mas éramos três amigas, e fomos morar juntas devido ao nosso negócio. Bem, o negócio não deu certo, mas continuamos a morar juntas.

Nesse período resolvi sair da polícia. Elas ficaram e ainda são policiais. Assim moramos cinco anos e meio (o tempo que durou o nosso relacionamento), de 1997 a 2002. Ninguém sabia do nosso namoro, ou pelo menos não demonstravam saber. Nem mesmo a nossa amiga que morava conosco. Infelizmente fomos imaturas a tal ponto de esconder isso dela... Com isso, após nossa separação, muita gente não entendeu nada, inclusive nossa amiga – uma pessoa maravilhosa –, que ficou muito desapontada, sentindo-se enganada, com certa razão. Bem, nos separamos e cada uma foi morar num lugar. Esse foi meu primeiro e grande amor.

Tentativas...

Após sete meses de tanta solidão e saudades, conheci uma mulher que de tanto tentar ficar comigo conseguiu, mas por apenas três meses. Não fico por ficar. Retornei à faculdade, para o curso de Letras. Lá, conheci uma professora universitária, mas durou poucos meses pelo mesmo motivo: falta de interesse meu. Teve uma terceira e última tentativa, por quatro meses. Eu, acredite, continuava pensando no primeiro amor. Passei três anos e meio sem conseguir me interessar por mulheres e homens [risos], sem sentir desejo verdadeiro.

Sobre homens, conheci um alemão no início de 2003, acho que por ter estudado um tempo esse idioma, que acabou sendo uma atração. Um rapaz muito bonito e interessante. Foi a primeira vez que fui pra cama com um rapaz. Nada muito profundo aconteceu. Em 2004 conheci outro alemão que foi morar comigo (só como amigos), pois eu queria alguém pra dividir as despesas. Mas ele quis algo mais... Foi engraçado. Eu não quis nada com ele, apesar de uma pequena atração da minha parte também. Acho que é relevante falar a respeito dessas pequenas e passageiras experiências com homens.

Ainda estava só, sem sair de casa, sem interesse por pessoas.

Alice, que maravilha!

Em 2004 (durou um ano) dividi minha casa com duas moças estrangeiras – uma japonesa e outra espanhola – que conheci na universidade. Em seguida, senti vontade de morar sozinha, ou melhor, não morar com amigos. Eu queria agora dividir minha casa com um "amor". No final de 2005, fui morar só, e foi a primeira vez que morei realmente sozinha. Então... Consegui Alice. Que maravilha!! Senti novamente o gosto do amor, da paixão, da vontade de ficar junto, de fazer planos e tudo mais.

Conheci Alice em fevereiro de 2006, na universidade, por acaso. Nada de lugares GLS ou de amigos pra dar uma mãozinha. Foi olho no olho [risos]. Daí, fiquei apaixonada, encantada e em seguida abismada [risos] por conhecer alguém tão puro, especial etc.

Na verdade, apesar de ser muito independente, não gosto de morar sozinha. Entretanto, não quero mais dividir com amigos, só com um relacionamento. Mas, por enquanto... com a Alice... tenho que esperar mais um pouco.

Com minha família, meu relacionamento é ótimo, embora um pouco distante, talvez pela falta de afinidades. Tenho bastante afinidade com um irmão, mas ele mora em Brasília. Quanto à minha mãe, ela é maravilhosa. Telefono pra ela quase todo dia e tento sempre ir vê-la.

Sobre minha intimidade... Como você sabe, Alice é a segunda mulher da minha vida. Com ela sinto uma sintonia muito grande, a gente se encaixa muito bem. É uma troca de carinho, de carícias... Pena que são poucas as vezes que estamos juntas, por isso sei que ainda vamos nos conhecer melhor na cama. Com esse relacionamento comecei a "praticar" mais minha intimidade, e muitas coisas então sendo pela primeira vez. E acredito naquele ditado que diz: "Entre quatro paredes, vale tudo" [risos]. Esse "vale-tudo" é muito pessoal, mas é também, pelo menos para mim, uma realização de fantasias, uma abertura de cada parceiro, na qual não há vergonhas nem pudores. É para mim, e estou descobrindo com ela, a possibilidade de conhecer o outro e a si mesmo; inclusive passei a dar mais prazer à parceira. Também a possibilidade de concretizar os desejos sexuais, pôr em prática de maneira mais despudorada e respeitosa possível (será que existe essa contradição?), pois é tudo com muito carinho e amor.

Quando conheci Alice, logo no inicio já percebi que não seria algo passageiro e em pouco tempo me senti cativada. No começo – aquelas coisas de início –, muita vontade de ficar próximo, muita paixão. Depois, mais vontade de ficar junto, de conhecer as vontades da outra e satisfazê-las. Vontade de fazer quase tudo juntinho: de planejar, dormir e acordar colado – aquelas coisas de amor. Não posso deixar de falar que ao conhecer a realidade da Alice fiquei muito frustrada. Falando sobre nossa convivência, temos pouco tempo juntas. Alice me faz muita falta. Falo sempre pra ela que essa ausência está me distanciando, que precisamos de mais tempo e de paz.

Pra ser sincera, há dias que penso em desistir... Digo pra mim mesma que não mereço... Também sinto um aperto no peito quando imagino o que se passa no interior dela... Penso em morar com ela e adotar dois filhos, mas sei que há um caminho pela frente, ou não. E me pergunto: vou esperar? Resposta: "Depende dos meus sentimentos. Sei que devo me amar em 'primeiro' lugar". Também não vou me privar de ser feliz (disso estou certa). Sou do signo de escorpião...

Alice vai uma vez por semana a minha casa (acontece de ir a cada duas semanas). Todos os dias nos falamos por telefone. Ultimamente, temos discutido bastante... Não sei.

"ME APAIXONEI PERDIDAMENTE PELO MEU PROFESSOR"[13]

MIRELLA (42 ANOS, PSICÓLOGA)

Uma paixão

Namorei muitos rapazes até encontrar Carlos, que foi meu professor do cursinho. A gente se apaixonou perdidamente. Com 18 para 19 anos me casei com ele, que era quinze anos mais velho do que eu. Eu não tinha nenhum problema sexual com homens e sentia muito tesão por ele.

Em casa, na divisão de tarefas, eu era bem folgada. Estava saindo da adolescência. Ele já era mais maduro; e eu, mais imatura. Era uma relação um pouco desigual nesse sentido. Ele ganhava dinheiro. Eu ganhava muito pouco. As tarefas de casa tinham um "padrão invertido": eu cuidava dos carros, subia no telhado para colocar antena. Se tinha reforma em casa, eu ia com o pedreiro comprar o que precisava. Ele comprava todas as coisas de supermercado. Ele amava cozinhar, lavar louça. Tinha toda essa coisa engraçada de a gente ter essas tarefas – que são supostamente do sexo masculino ou do sexo feminino – trocadas.

Traição

Logo no primeiro ano de casada, tive meu primeiro amor homossexual. Eu estava na faculdade de Psicologia. Não interferiu em nada no meu amor por Carlos. Eu continuava tendo muito tesão por ele, mas não consegui fugir da situação. Quando me apaixonei pela garota, tudo era novo para nós. Ela tinha namorado e eu era casada. Houve uma atração violentíssima entre nós. Foi um momento muito difícil, porque, imagine, eu tinha 19 para 20 anos, era casada e me apaixonei por uma mulher. Além de ter toda a dificuldade natural de qualquer pessoa que se descobre homossexual (e isso foi em 1986!), eu era casada, estava traindo. Para mim isso foi uma coisa horrível, tanto que comecei a fazer terapia imediatamente.

Eu não me achava homossexual. A própria palavra homossexual me aterrorizava. Eu me lembro bem que, na época, eu falava para o terapeuta: "Não consigo me imaginar sem o Carlos". Realmente, para me separar do meu marido não foi suficiente eu ter tido casos com mulheres, porque continuei gostando dele. O amor acabou mais tarde, por outras questões.

Acabei contando para ele sobre a garota, porque estava me sentindo culpada. Acho que fui um pouco sacana, porque para ele não ajudou em nada. Para mim só aliviou a culpa... De qualquer maneira, ele entendeu. Em nenhum momento usou isso contra mim. Só quando eu quis me separar, três ou quatro anos mais tarde. Naquelas brigas violentas de separação, ele tocava no assunto, me ameaçava. Além de professor, ele era advogado. Eu estava decidida a me separar. Só não tinha coragem. Aconteceu que tive uma história com uma mulher do lugar em que eu trabalhava, que mexeu muito comigo. Quando me separei, aos 26 anos, fiquei com ela. A gente ficou quatro anos juntas.

Saindo do armário

Não precisei falar com minha irmã do meio sobre minha homossexualidade. Desde criança ela soube das minhas coisas. Uma vez, eu estava apaixonada e ela sacou. Foi muito legal, porque ela não me chamou para conversar, simplesmente começou a tratar minha relação com uma garota como um namoro legítimo, bem naturalmente. Pedi a ela que contasse para minha irmã mais velha, que morava nos Estados Unidos, e para minha mãe. Minha mãe tem amigas homossexuais. Tem um casal que está junto há anos. Todo mundo sabe e respeita. Quando fui encontrar minha mãe, depois que minha irmã tinha contado sobre mim, ela estava com uma dessas amigas e disse que o importante era eu estar bem.

Para as pessoas homossexuais, o apoio da família é mais importante do que qualquer outra coisa, porque as dificuldades são muitas. Existe uma pressão, o medo de não ser amada, de ser rejeitada. Quando a família diz "O importante é que você está feliz", é a coisa mais maravilhosa que pode acontecer. Dá segurança e apoio para você enfrentar todo o resto. É muito mais confortável quando a família sabe e consegue acolher. É um processo pelo qual cada pessoa tem que passar do seu jeito, na sua hora. Cada um vai saber quando, como e por que vai falar para a família.

Hoje eu sou totalmente assumida, não só para a família e os amigos, mas no trabalho também. Quando eu e Ana Maria, minha atual companheira, "casamos" no cartório, ganhamos presente e discurso emocionado dos colegas de trabalho, foi lindo. Minha vida é bem tranquila nesse sentido, infinitamente melhor do que quando eu queria me esconder.

Filhos

Estou junto com Ana Maria há mais de quatro anos, inclusive fizemos um contrato particular de relação estável e registramos no cartório, em dezembro de 2007, porque precisamos resguardar nossos direitos, ainda não garantidos pela lei. Queremos ter filhos. Não queremos gerar filhos, queremos criar e educar, por isso vamos adotar. Ela é negra, então queremos adotar pelo menos uma menina negra, mas se houver um irmão ou uma irmã, pensamos em adotá-los juntos. E pensamos em adotar crianças maiores, entre 1 e 4 anos, porque essas têm menos chances de ser adotadas e acabam vivendo em instituições. Não me preocupo com o que dizem, porque sou psicóloga e sei que o importante é que a criança seja amada e tratada com respeito e carinho. Ela precisa de alguém que exerça a função paterna, mas não é imprescindível que seja um homem. Num casal heterossexual, muitas vezes quem exerce essa função paterna é a mãe, a que impõe limites – e isso é normal.

Nosso sonho já é um pouco antigo, só não concretizamos ainda porque a situação financeira não está estável o suficiente para a gente assumir essa responsabilidade. Assim que der, vamos levar isso adiante.

"ME VICIEI EM COCAÍNA"[14]

SÍLVIA (20 ANOS, ANALISTA DE SISTEMAS)

A fuga pelas drogas e a dor de ser estuprada

Aos 13 anos, comecei a ter namoricos com meninos. Namorado sério mesmo eu acho que só tive um, quando tinha 18 anos. Foi meu último namorado, antes da minha primeira namorada. Mas, antes desse primeiro namoro, aconteceu uma coisa importante.

Nunca fui de sair muito à noite, justamente por causa do meu pai. Mas comecei a sair com o pessoal do meu prédio. Todos eram mais velhos. Meu vizinho tinha 38 anos, era casado. A mulher dele tinha 30. Um outro amigo, homossexual, tinha 35. Eu tinha 18.

Uma noite, eu bebi, mas não estava bêbada, só um pouco alegre. Saí pra dar uma volta, pra respirar um pouco. O meu amigo, um advogado famoso, que é meu vizinho até hoje, veio me acompanhar e ofereceu o carro pra eu sentar. Quando entrei, ele travou as portas, pulou em cima de mim e me estuprou. Eu não era mais virgem, mas me machucou muito. Sangrou tanto que parecia menstruação. Contei só para meu ex-namorado... Não sei se é por bloqueio, mas não é uma coisa que me incomoda. Só quando ele entra na minha casa, fingindo que é amigo da minha família. Aí, vou para o meu quarto.

O que aconteceu foi que eu não gostei do que passei e caí na real. Resolvi que não queria viver nesse mundo. Na minha cabeça, se eu começasse a cheirar cocaína, acabaria com tudo. Tomei a decisão. Pedi para um amigo e ele trouxe o primeiro papel com a droga. Estávamos eu e ele e, nesse dia, Carina, minha amiga, foi junto. A gente saiu para dar uma volta na rua. Foi como tudo começou. Eu comecei a pedir mais. Passei a sair de casa todo final de semana. Primeiro, às sextas. Depois, às quintas. Comecei a namorar um rapaz chamado Everton a sério e era ele que ia comprar. Eu fui entrando mais nas drogas.

Foi quando fiquei viciada em cocaína. Nós comprávamos R$ 200 por final de semana. Era muito dinheiro. Como o negócio era feito perto da casa dele, saía muito barato, R$ 5. A quantidade era muito grande: quarenta papelotes por final de semana.

Sentindo-se poderosa

Nessa época eu conheci meu amigo Mário, que é homossexual, e a Carina passou a sair mais com a gente. Ela sempre foi minha melhor amiga, mas tinha namorado. Saindo com a turma, ela começou a usar cocaína também. Mário nunca usou. Foi ele quem nos levou para o primeiro lugar gay, a primeira balada GLS. Depois, nós começamos a frequentar sozinhas. Mais tarde, conhecemos uma boate legal, onde passamos os três meses seguintes indo toda quinta, sexta e sábado. O ambiente, eu diria, era sujo, porque quem vai lá está procurando alguma coisa. No banheiro só tinha droga. Na boate havia também um *dark room* misto. Começamos a frequentar e a usar cada vez mais cocaína. Já estávamos usando 25 papelotes os três, no final de semana. Era uma quantidade enorme.

Com a droga, eu sentia que tinha poder. Era intocável. Era mais esperta do que os outros – na minha cabeça, claro. Não tinha tempo ruim; desde que tivesse aquilo, estava tudo perfeito. O dia que não tinha, ficava horrível. Fazia o Everton, meu namorado, passar as noites rodando, procurando. Eu não tinha noção de que era viciada. Nunca parei. Achava que a hora que eu quisesse parar, ia parar. Já estava usando todo dia. Era antes do trabalho, depois do trabalho, para fazer prova... Eu saía no intervalo na faculdade para usar. Tudo girava em torno da droga.

Primeiro relacionamento lésbico

Até que um dia, o meu namorado, Everton, e o Mário, nosso amigo homossexual, se beijaram. Eu não me importava com o que Everton fizesse com outras pessoas, porque eu gostava muito mais dele como amigo. Mesmo assim, achava estranho. A partir daí, ele passou a ficar com o Mário.

Uma noite, Carina me disse que queria conhecer o *dark room*. Fomos eu, ela e Everton. Quando entramos, ele me beijou e beijou-a também. Em seguida, ela me beijou. Foi assim que rolou o primeiro beijo com uma menina. Fomos mais umas três vezes juntos, até o dia que não quisemos que o Everton fosse com a gente. Não me recordo bem o que aconteceu, o que sei é que, em pouco tempo, eu e Carina estávamos namorando. Eu já havia terminado com o Everton. Continuamos usando cocaína, mas numa quantidade muito menor. Começamos a namorar em dezembro. No início de janeiro, decidimos largar as drogas definitivamente.

Acho que conseguimos parar com a cocaína porque o namoro estava sendo muito importante pra nós duas. Tudo era perfeito, maravilhoso. Não tinha um problema, um erro, nada; nós duas éramos perfeitas uma pra outra. Tudo mudou quando um primo, homossexual, falou para o irmão sobre mim e Carina. O irmão, por sua vez, se encarregou de espalhar. E uma tia, que nunca gostou de mim, falou pro meu pai que a Carina era minha namorada, que eu era lésbica. Exagerou, dizendo que eu era uma viciada em cocaína, em crack, que eu injetava. Tivemos que conversar com o meu pai e a minha mãe. Meu pai, sempre duro, fez pressão para que eu saísse de casa. Cheguei a olhar um lugar para morar com Carina, mas minha mãe me convenceu a ficar.

Fico pensando que, talvez, se descobrissem a causa da homossexualidade, isso ajudaria as pessoas a compreenderem mais, a não ficarem julgando, a não dizerem mais que isso é falta de vergonha. Acho que a aceitação seria muito mais fácil.

Depois disso, o relacionamento com Carina começou a dar errado. Eu não entendo por que até hoje, mas a gente passou a se trombar demais. Era muito sentimento misturado; era decepção com amor, era uma coisa que não dava pra gente respirar. Talvez Carina não aceitasse a própria homossexualidade. Mas o que acho é que, se eu não me aceitar, ninguém vai me aceitar. Não posso achar que sou suja por isso. Eu comecei até a fazer terapia, porque estava muito confusa com o término do namoro. Não me conformava de duas pessoas se gostarem e não poderem estar juntas.

Esse foi o meu primeiro e único relacionamento com mulher. Mas eu me considero homossexual. Posso até ficar com um cara, mas, se eu tiver que ser feliz, tenho certeza que vai ser com mulher.

"ME SENTI UMA GRANDE DECEPÇÃO..."[15]

MARISA (25 ANOS, PUBLICITÁRIA)

O esforço para conservar a família de origem

Descobrir que temos atração por pessoas do mesmo sexo nunca é fácil. Muitos pensam que é opção, safadeza, e que podemos escolher por quem nos sentimos atraídas e nos apaixonamos. A aceitação pessoal já é bem difícil, e essa é apenas a primeira etapa. Se na minha cabeça isso já era algo difícil de lidar, o que eu poderia dizer então para os meus pais e minha irmã menor, que sempre me teve e me observou como um exemplo?

Acho que um dos piores sentimentos do mundo é frustrar a expectativa das pessoas; e, pior que ele, o medo de ser rejeitada.

Com 17 anos, resolvi me assumir perante minha família. E vi o sonho de uma vida que eles haviam projetado pra mim ir por água abaixo. Me senti uma grande decepção e sofri demais por presenciar, dia a dia, o sofrimento deles. Pior do que isso era vê-los completamente perdidos e desamparados. Então, depois de três anos de muito sofrimento de ambas as partes, resolvi procurar ajuda. Não para mim, e sim para eles. Procurando na internet, me deparei com um depoimento de Edith Modesto em algum site de que não me recordo. Na hora, minha primeira reação foi chamar minha mãe para ver aquilo. Logo em seguida, fiz a pergunta: "Você aceitaria conversar com ela?" Minha mãe, um pouco desconfiada, disse que sim. Foi então que ela conheceu o trabalho do GPH (Grupo de Pais de Homossexuais). Bastante triste e revoltada na época, foi difícil convencê-la de que aquelas pessoas poderiam ajudá-la a lidar com o tal "problema". Meses depois, eu já conseguia perceber uma diferença no comportamento de todos em casa. Estavam menos tristes e mais esperançosos.

Confesso que cheguei a pensar que minha relação com meus pais e minha irmã estava fadada ao fracasso e, por um tempo, tentei colocar na cabeça que, um dia, eu teria que viver sem eles. Mas era muito difícil, eles eram as pessoas mais importantes da minha vida.

Hoje, oito anos depois, eles continuam sendo as pessoas mais importantes da minha vida. E o melhor: me aceitam do jeito que sou. E são capazes de brigar com qualquer um que faça qualquer comentário ou piada de mau gosto que se refira aos homossexuais.

A evolução deles dentro do processo de aceitação é de impressionar qualquer um que conviveu comigo naqueles dias tristes e sem esperança. Como pais maravilhosos que são, deixaram que o amor incondicional que eles têm por mim falasse mais alto. Convivemos hoje de forma maravilhosa, sem segredos e conversamos abertamente sobre os assuntos que envolvem minha sexualidade. São meus grandes confidentes, recebem meus amigos gays em casa com a maior festa e adoram todos eles. Minha casa hoje é um lugar onde meus amigos fazem questão de vir, pois se sentem à vontade.

O processo de aceitação da minha família ainda não terminou. Existem ainda algumas barreiras a ser quebradas. Mas me orgulho muito do que eles já conseguiram até agora.

Sou chamada de homofóbica

Sou muito cobrada sobre não manifestar algum tipo de carinho na frente dos meus pais, já fui inclusive chamada de homofóbica por causa disso. Minha resposta é simples: respeito. Sei que para meus pais seria um grande choque e até uma grande agressão me ver beijando ou trocando carinhos com uma namorada. E, por esse motivo, não faço. Toda relação é uma troca, e, se eles me respeitam tanto, o que custa respeitá-los em troca? Pode ser que chegue um dia em que isso deixe de ser um "tabu". Mas, enquanto esse dia não chega, faço de tudo para respeitá-los e para que eles tenham muito orgulho da filha que têm.

Projeto Purpurina, uma esperança para os jovens

Toda essa história que vivi me fez pensar em quantos jovens – hoje com a minha idade na época ou até mais novos – não estão passando pela mesma coisa que passei. A dúvida, o medo da rejeição e a grande insegurança que toma conta da mente. Por isso, quando Edith Modesto veio com a ideia de montarmos um projeto que ajudasse esses jovens a se aproximarem de suas famílias, não pensei duas vezes em aceitar e encarar o desafio. Planejamos, conversamos, montamos um grupo de coordenadores e nasceu então o Projeto Purpurina. Hoje, com mais de um ano de existência, o projeto ajuda – através do incentivo ao protagonismo juvenil – muitos jovens que têm as mesmas necessidades e dificuldades que eu tinha há oito anos. Lá eles podem se expressar, conversar sobre assuntos de seu interesse, assistir a filmes sobre a temática gay, se relacionar com jovens iguais a eles e, o melhor, ser eles mesmos, sem máscara alguma.

Espero que todos esses jovens que hoje ajudo, com os outros coordenadores, possam um dia ter a recompensa que eu tive. Ser aceitos e conviver em harmonia com as pessoas que mais amam no mundo, suas famílias. Sei que nem todos terão esse privilégio, e o projeto veio para isto: auxiliar nessa relação tão delicada que existe entre pais, filhos e as expectativas de cada um. Poder ser você mesmo em casa é algo que realmente não tem preço.

Dizem que nós homossexuais temos que sair diversas vezes do armário. Quando achamos que passamos por tudo, enfrentamos a família, vemos que ainda temos muita coisa pela frente. Hoje, os jovens se descobrem e se assumem homossexuais cada vez mais cedo. Daí vêm as próximas portas de armário a serem abertas: escola, amigos, trabalho. No meu caso, a terceira porta a ser aberta era no trabalho.

Respeito e amizade no trabalho

Tenho sorte de ser publicitária, um ramo em que existem muitos homossexuais. E, o melhor, onde há homossexuais assumidos.

Trabalho em uma agência relativamente pequena, e, por esse motivo, o contato com as pessoas é mais direto, mais pessoal. Passamos cerca de dez horas do dia juntos e, claro, acabamos conversando sobre tudo. Senti minha primeira dificuldade em um happy hour em que todas as meninas comentavam sobre atores lindos maravilhosos e depois sobre seus casos e namorados. Foi perceptível o meu silêncio aquela noite.

Depois disso, aos poucos, as pessoas se aproximaram de mim. Acredito que fui um grande mistério para todos durante um bom tempo, pois, enquanto todos falavam abertamente da vida pessoal, eu me reservava.

Com o passar do tempo, a convivência foi ficando maior, e minhas chances de me esquivar cada vez menores. Foi então que "elegi" algumas pessoas para as quais gostaria de contar; pois sabia tanto da vida delas, e elas não sabiam nada da minha. As oportunidades foram surgindo, e com cada um o momento foi diferente. Não tive nenhuma surpresa. Hoje, todos que sabem de mim me tratam com o maior respeito e vivem querendo me apresentar "aquela amiga".

Claro que nem todos sabem, apenas os mais próximos e os que hoje considero grandes amigos e parceiros. Tenho muita sorte em trabalhar com pessoas tão bacanas e bem esclarecidas, pois sei que em muitos lugares as coisas não são assim. Me sinto privilegiada em poder ser quem eu sou até no meu trabalho, pois sei que muitos não têm a mesma felicidade que eu. Ouvimos, inclusive, muitos casos na imprensa de demissões por homofobia, ou de pessoas que sofrem com brincadeiras de mau gosto em seus ambientes profissionais. É muito difícil se assumir dessa forma, temos que ter certeza do "terreno" onde estamos pisando.

Infelizmente a homofobia existe, e ninguém está imune de sofrer com isso. Quem sabe daqui a alguns anos a sociedade não esteja mais preparada para perceber que os homossexuais não são uma tribo promíscua e muito menos alvo de piadas de mau gosto. Somos pessoas, seres humanos assim como outro qualquer.

"A IGREJA ADVENTISTA"[16]

ELENICE (28 ANOS, BIBLIOTECÁRIA)

Adolescência

No início da adolescência, como é normal, eu me preocupei muito com a minha homossexualidade. Ouvi sempre que era doença, um desvio comportamental, algo nesse gênero. Quando comecei a ler um livro sobre homossexualidade, vi que isso era o que o autor pensava. Cheguei à seguinte conclusão: ninguém nasce, ninguém escolhe ser homossexual. Na adolescência, você vai se descobrindo e aí vem o processo de confusão da sexualidade. Mas isso não é doença. Com certeza, isso vem da natureza da pessoa.

O processo de adolescência, com respeito à homossexualidade, foi despertando o meu interesse por amiguinhas. Com a minha cabeça, jamais imaginei que um dia fosse gostar de mulher. Cheguei a gostar de menino. Mas sempre reprimida pelo meu pai. Até que, aos 15 anos, meus pais se separaram. Enfrentavam uma grave crise financeira. Eu e meu irmão ficamos com meu pai, que é muito religioso.

Na Bíblia está escrito

A Igreja Adventista oferece internato para meninos e para meninas. Meu pai disse que ia me mandar para o internato, porque lá eu ia trabalhar, ia sofrer, para dar valor ao que eu tinha em casa. Ao contrário do que ele desejava, o internato foi minha libertação e minha salvação. Eu digo com toda certeza, foram os melhores cinco anos da minha vida. Lá, eu pude me relacionar com moças e rapazes que antes não podia. Entrei com 16 anos, saí com 21. Gostei de várias meninas lá dentro. Mas, em uma instituição desse tipo, ninguém jamais poderia falar ou insinuar qualquer coisa. Corria-se o risco de perder a amizade e, principalmente, de os outros ficarem sabendo. Tudo era muito reprimido em relação à sexualidade. A gente tinha que estar sempre com uma máscara. Se decidia colocar a verdade para fora, se dava mal. Nesse sentido, eu me sentia péssima. Sentia que não fazia parte daquele grupo.

A primeira vez que fui procurar uma profissional na área de psicologia eu tinha 17 anos. Nos colégios adventistas é comum semestralmente ter um sistema de avaliação. Eu fui procurar o pastor e falei da minha confusão. O pastor simplesmente falou assim: minha filha, ajoelhe e leia a Bíblia. A única solução é orar e ler a Bíblia. Como é que você vai dizer isso para uma garota de 17 anos, confusa? Ela vai piorar de vez, porque na Bíblia está escrito tudo que é condenável, que é pecado.

Relacionamentos

Meu verdadeiro acesso ao mundo homossexual foi aos 24 anos, pela internet. Comecei a conhecer pessoas, a conversar e a me identificar com elas. Foi aí que tive a certeza de que era daquelas pessoas que eu gostava. Mas tentei, justamente nessa fase em que estava me descobrindo, ficar com um colega. Foi com ele que tive a minha primeira relação sexual. Ele mesmo me disse que não era a minha praia. Não era aquilo que imaginei para minha vida. Aí, arranjei a minha primeira namorada, também pela internet. Ela morava em Natal, no Rio Grande do Norte, e tinha uns compromissos em São Paulo. Ela vinha várias vezes a São Paulo, mas o namoro não foi adiante, principalmente por causa da distância.

Ela preferia que eu fosse puta

Minha família ficou sabendo que eu era homossexual quando eu tinha 13 anos, porque meu pai flagrou uma carta que eu tinha escrito para um amorzinho de escola, da 5ª série[17]. Ele contou pra minha mãe. Meu pai ficou muito bravo, quase me bateu. A minha mãe ficou se perguntando, em voz alta, para que ela tinha criado uma filha. Preferia que eu fosse puta, dizia ela. Hoje, moram em Belém, e não tenho tanto contato com eles. Mas acho que o apoio da família tem uma relevância enorme. A pessoa se sente mais segura. Se a família não te aceita, você fica uma pessoa estranha, parece que sem amor próprio.

A internet

Minha segunda namorada eu conheci em Brasília e, assim como a primeira, foi pela internet. Considero a internet uma ponte para conhecer pessoas. Não durou muito tempo também por questão de distância. Era mais aquela coisa de paixão. Não era amor nem nada. Depois disso eu tive uma outra namorada aqui em São Paulo, na mesma profissão que a minha. E, por último, tive uma que mora em Sorocaba, mas, no momento, estou sozinha. Engraçado como essa de Brasília foi um relacionamento muito forte virtualmente e pessoalmente também. Não durou muito, devido a alguns fatores da vida dela. Para eu namorar uma terceira pessoa, levou dois anos e meio. Não conseguia me esquecer dela de jeito nenhum. Todo mundo tem um grande amor na vida, e o meu grande amor foi ela.

Enfrentando o preconceito

Já fui discriminada por ser homossexual. Foi um fato simples na avenida Paulista. Andando com minha última namorada. Estávamos de mãos dadas e o pessoal com aqueles jargões: "Olha, o sapatão não sei das quantas..." Mas não me importei com isso. O preconceito vem do fato de a sociedade estar acostumada a ver homem e mulher. Quando vê dois homens ou duas mulheres, estranha. O preconceito é maior do que no caso do racismo. Acho ótimo estar falando sobre esse tema, porque dentro da organização adventista é abafado e eu sei que existem muitas pessoas, muitos jovens na mesma condição que eu que estão passando pela mesma dificuldade. E, do ponto de vista político, às vezes sinto falta um pouco de deputados, vereadores, senadores, não só que sejam homossexuais, mas que batalhem por leis em defesa dos homossexuais. Tirando Marta Suplicy e alguns outros vereadores, a maioria dos políticos não aprova. Então, a gente fica "entre a cruz e a espada".

Eu gostaria de falar especificamente para os jovens. Por ser uma pessoa religiosa, principalmente dentro da Igreja Adventista, meu apelo é para que muitos jovens que se sentem oprimidos procurem informações, que possam se libertar disso porque todos nós somos filhos de Deus. Deus tem amor por todos nós. Eu penso da seguinte maneira: se Deus me ama, irá me amar como sou em todos os aspectos.

"MULHER, NEGRA E GAY"[18]

Roberta (44 anos, psicóloga)

Infância feliz

Sou uma mulher feliz e acho que isso se deve muito à minha infância. Fui sempre muito mais ligada à minha mãe do que ao meu pai. Hoje, com um pouco de maturidade, acho que isso tem a ver com o fato de ela ter sido uma pessoa afetiva. Eu tinha vários irmãos e nós tínhamos sempre muitas crianças em casa, porque minha mãe tomava conta de crianças. A gente se divertia muito juntos. Enquanto eu era criança, nunca me senti diferente, apenas muito tímida. Brincava de casinha, de jogar bola, empinava papagaio, esconde-esconde. Tudo que uma criança tem direito de brincar, porque tínhamos uma parceria muito legal.

Na adolescência, as coisas começaram a se complicar um pouco. Fiquei ainda mais retraída e achava difícil me relacionar com os outros. Eu me sentia esquisita, uma sensação de inadequação muito grande, que fui levando até descobrir que era gay. Antes, tive namorados por períodos curtos. Tive um namorado na infância que foi muito legal. Aprendi a beijar com ele. Embora eu perceba agora que poderia ter aproveitado mais a adolescência, não diria que era infeliz. Até porque, sempre gostei muito de estudar, sempre me dei muito bem com letras, sempre gostei muito de ler e escrever. Também gostava muito de jogar handebol, basquete e voleibol.

Orientação sexual não é escolha

A gente não escolhe ser homossexual. Nunca. Não existe isso. Eu me sentia totalmente desencaixada, mas não tinha noção de que isso podia ser qualquer coisa ligada à homossexualidade. Aos 24-25 anos, fui fazer terapia, porque a minha mãe tinha morrido e eu entrei num período dificílimo. Não fui procurar a terapia por conta da homossexualidade, porque eu ainda não sabia que era homossexual. Minha mãe morreu e eu me senti numa encruzilhada. Precisei de terapia porque não conseguia lidar com aquilo.

A terapeuta foi fundamental na minha vida. Acho que vou agradecer a ela pelo resto dos meus dias. Embora eu nunca tivesse falado abertamente sobre esse assunto, acho que ela deve ter percebido e, de alguma forma, me preparou para seguir adiante. Eu já falava de uma amiga minha, que era uma pessoa de que eu gostava e admirava muito. Eu já tinha percebido uma certa atração por ela, mas não sabia dar nome ao sentimento. Sabia que ela também se sentia atraída por mim, apesar de ser casada. Eu levava isso para a terapia. De alguma forma ela me preparou.

Só percebi que eu era gay quando fui cantada. Fui trabalhar em um hospital e encontrei uma funcionária com quem costumava conversar muito, porque trabalhávamos relativamente próximas uma da outra. Um dia, ela me convidou para jantar. De repente, virou-se para mim e disse: "Sabe que, desde que conheci você, eu não consigo parar de pensar em você um dia?" Na hora, fiquei surpresa, não me senti chocada. Minha trajetória foi exatamente essa que estou contando. Naquele momento, aos 27 anos, me dei conta de que era homossexual. Talvez a idade tenha ajudado. Eu já estava mais amadurecida. O fato é que nunca tive essa coisa de culpa. Sou o que sou. Não escolhi. Sou assim.

Minha mãe já havia morrido. Com certeza, eu contaria a ela, se estivesse viva. Acho que, quando você tem uma família que lhe dá apoio, você pode tudo. As pessoas que conseguem isso se sentem mais fortalecidas e conseguem lidar com qualquer tipo de dificuldade de uma maneira muito melhor do que quem não tem apoio familiar. Principalmente, as mães. Elas têm um papel fundamental nisso tudo. Mas eu não disse nada em casa. Meu pai não aceitaria. Anos depois, contei para algumas pessoas na minha família, quando já estava acomodada na história.

Aquela cantada mudou completamente a minha vida. Fiquei totalmente envolvida, completamente apaixonada. Foi o único relacionamento que realmente vivi. Não morávamos juntas, porque ela era casada com outra mulher. Dividiam a mesma casa. Não havia mais sexo, mas vivíamos uma espécie de triângulo feminino. Eu acho que ela gostava de mim e eu a amava. Ela não me amava na medida em que eu a amava, essa era a diferença. Fui amadurecendo e chegou um ponto em que eu não queria aquilo mais para minha vida. Decidi romper. Depois de cinco anos, a gente se separou e eu não consegui namorar mais. Isso aconteceu já faz alguns anos. E continuo sozinha.

Parte da dificuldade em encontrar alguém tem a ver com preconceito também. Não vou dizer que sou discriminada por todo mundo, mas algumas pessoas me descartam antes de eu abrir a boca. Não achava isso. Hoje, acho. Sou tão avessa a preconceitos... Você tem que gostar das pessoas do jeito que elas são, senão não vale. Acho que no Brasil, no mundo, hoje, a estética é excessivamente valorizada. E há os padrões. Não vou dizer que estou sozinha só por ser negra. Sei que vou encontrar alguém que goste de mim assim.

As pessoas mais importantes na minha família sabem que eu sou gay. Só para um dos meus irmãos eu não contei. No trabalho, por exemplo, não escancaro. Tem uma amiga minha que sabe que sou gay. Para o resto não posso falar, porque vou me expor e tenho medo de me prejudicar em coisas que levei anos para conquistar profissionalmente. Já sofri grandes preconceitos. Sofro preconceito cotidianamente por ser negra, inclusive na minha profissão. Se souberem que sou gay, vai ser demais. Para mim está tranquilo, está muito bem resolvido. Não está para as pessoas. Mulher, negra e gay no Brasil é overdose.

Preconceitos

O Brasil é um país preconceituoso por natureza. Aqui não se aceita o diferente. Não se aceita gordo, não se aceita deficiente, não se aceita gay. Você vai acumulando os preconceitos. Não somos criados para lidar com as diferenças, o que poderia ser nossa grande riqueza. Acaba sendo o grande nó. A gente fica fazendo de conta que aceita, mas quando você convive, vê que é uma falácia. É assim que funciona o negócio.

Apesar de tudo, gosto de mim. Eu me acho muito graciosa, acho que tenho um certo charme. Gosto muito de me vestir, sou muito vaidosa. Não saio na rua de qualquer jeito. Muito porque, se eu sair de qualquer jeito, vou sofrer mais preconceito do que já sofro. Arrumada já sou obrigada a lidar com muitos constrangimentos. Mas eu acho que tenho estilo. Adoro dançar, gosto muito de ler, adoro ir ao cinema, gosto muito de comer macarrão com os meus amigos, batendo papo, gosto de andar de bicicleta. Faço caminhadas três vezes por semana e gosto de viajar. Também gosto de voltar para a minha casa. Adoro cuidar das minhas plantas. Um dos projetos que tenho para o futuro é escrever um livro pessoal. Quero contar a minha história.

UMA DIFÍCIL ESCOLHA[19]

CHRIS (38 ANOS, MATEMÁTICA)

Nasci católica

Nasci católica como a maioria dos brasileiros. Fui batizada e mais tarde, na adolescência, não quis ser crismada, mesmo por uma pessoa que eu amava muito! Minha tia.

Só ia à igreja quando alguém morria, para a missa de sétimo dia, casamento e quando minha avó ou mãe iam acender velas. Achava essa coisa de ir à igreja e ouvir missa muito chato, aquela repetição me dava sono. Mas precisei procurar por Deus logo cedo, pois, ainda na minha infância, perdi um irmão, que muita falta me fez.

Lembro como se fosse hoje, eu atrás da porta do quarto da minha mãe, sentada chorando e querendo entender: "Onde está meu irmão? O que havia acontecido com ele?" Mas já perguntando a Deus, pois sempre acreditei que havia acima de nós algo maior nos protegendo.

Ele era um adolescente forte, sadio. Não apresentava nenhum tipo de problema de saúde. No dia em que ficou doente, uma enfermidade pouco conhecida na época, foi tratado por especialistas, mas faleceu em menos de trinta dias, abalando familiares e amigos.

Eu, na busca de resposta, tive um sonho. Foi algo bonito, que me trouxe paz ao coração e tive a certeza que meu irmão estava bem. Depois desse dia, não me sentia só. Na verdade, estava feliz e preenchida, sem vazio. Meus pais, ainda inconformados e perdidos, buscaram todas as ajudas espirituais. Foram ao Chico Xavier, na época, retornaram com uma pequena mensagem e livros. Passei a ler os livros durante a minha adolescência. Estudei muito.

Conheci de perto diversas religiões: fui à igreja católica, evangélica, batista, seicho-no-ie, centro de umbanda, kardecista, sempre acompanhada por familiares ou alguma amiga de minha mãe.

Ao terminar o colegial[20], com 17 anos, comecei logo a trabalhar. Não por necessidade financeira, mas queria independência, já me sentia uma guerreira, líder, que precisava voar, conhecer o mundo!

Tornei-me kardecista

Tornei-me kardecista aos 20 anos, e aos 23 anos descobri minha homossexualidade. O namoro com minha primeira namorada durou quase quatro anos. Depois fiquei dois anos solteira e, em seguida, me casei com uma menina e vivemos juntas durante três anos. Nesse período, conheci o candomblé, pois minha mulher era "mãe de santo".

Continuei kardecista, respeitando a escolha dela e sempre a acompanhando aonde fosse necessário. E eu sempre com um relacionamento muito forte com Deus, pois na minha fase adulta, isto é, na década de 1990, faleceram entes queridos.

Após nossa separação, eu precisava de alimento espiritual e o centro kardecista que eu frequentava havia trocado de endereço e ficou distante de casa. Nessa época, há um ano, eu estava conversando com uma senhora da Igreja Batista e assistia a algumas reuniões na casa dela.

Finalmente, evangélica!

Até que resolvi, por conta própria, entrar em um templo da Igreja Evangélica de outra denominação conhecida – claro que escondida, pois abominava "crente".

Detalhe: eu me considerava uma pessoa sem preconceitos. Assisti ao culto e fui embora pra casa sentindo-me tão bem que retornei no dia seguinte, no outro e outro, novamente.

Foi tão bom que passei a ir todos os dias. Entendi o que era o batismo nas águas, batismo no Espírito Santo... Nessa altura da vida, em menos de um mês já havia entregado minha vida de corpo, alma e coração a Jesus. Deixei de ir às boates, bares e, naturalmente, deixei de desejar mulheres, não olhava mais para elas com olhos de desejo. Passei a fazer os trabalhos da igreja, cuidar do povo, servir ao Pai.

Durante quatro anos, fiquei fiel à minha vida: era do trabalho para a igreja, da igreja para casa e muito feliz. Não houve interferência do homem, pois não conversei com ninguém na igreja, minhas atitudes foram mudando naturalmente.

Conheci um mundo que desconhecia, o dos evangélicos, mundo do qual faço parte hoje. Aprendi a usar a minha fé, que sempre tive, mas não sabia usá-la. Hoje tenho como cobrar de Deus minhas bênçãos. Uma vez filho, sempre filho, não existe ex-filho. Quando Deus é colocado em primeiro lugar na sua vida, tudo que vier são bênçãos. Problemas não existem, e sim obstáculos a serem vencidos. Na Bíblia está escrito que nos foi dado o livre arbítrio. Para cada ação existe uma reação, assim, a cada escolha que fizermos, teremos a consequência em nossas vidas. Deus conhece o coração de cada um de nós, não há como enganá-lo, o homem é enganoso e falho. "Os últimos serão os primeiros." Entendo que aquele que não conhece a verdade e se arrepender dos pecados de coração, no último instante entra para o reino dos céus. Enquanto muitos "religiosos" (frequentadores de igreja), não convertidos, e sim convencidos, não entrarão no reino dos céus. "Muitos serão os chamados e poucos os escolhidos." São poucos os trabalhadores a serviço de Deus.

Por mais que tenha tido uma caminhada feliz, não consegui me interessar por um homem. Por outro lado, mulher... É só pensar nelas... Olhar para o lado... O interesse desperta!

A escolha é de cada um. Se eu disser "vou cuidar do povo da igreja", isso será renunciar à minha vida. Eu seria feliz? Não tem como fazer o trabalho e ser homossexual. Diante das regras, eu seria uma mentirosa, hipócrita, fazendo de conta que sou uma coisa e sou outra. A mentira não é de Deus e nem de quem tem caráter. Posso ser uma pessoa "comum" que apenas frequenta a igreja sem envolvimento com os trabalhos. Serei muito bem recebida.

Quer saber? Vou cuidar da minha vida e não vou fazer os trabalhos da igreja, vou ser homossexual. Ah! Meu Deus! Estou fazendo a escolha certa? As mulheres dão trabalho. Como me apaixonar por uma? Hoje em dia é difícil encontrar alguém que realmente queira casar. Vale o sacrifício de enfrentar o mundo? Tem que ser por amor. A verdade é que só cabe a Deus julgar o que é certo ou errado.

"CRIAMOS AS DUAS MENINAS, A MINHA E A DELA"[21]

JÉSSICA (35 ANOS, TURISMÓLOGA)

O que a cultura impõe

Pode parecer absurdo, mas jamais me dei conta de que o que sentia por algumas mulheres era paixão. Para mim era amizade, admiração, afeto... Também jamais soube que existia "relacionamento entre mulheres" que não fosse apenas o sexo que poderia ver em revistas e filmes pornográficos.

Por isso me "apaixonei" por um homem (e por vários antes dele) e me casei. No início era bom, mas depois de algum tempo continuava a me sentir incompleta... Sempre achei que quando tivesse minha casa, minha família, seria uma pessoa satisfeita, mas nada disso aconteceu. Eu continuava a me apegar demais às minhas amigas e continuava com aquela sensação de vazio. O sexo era bom (até onde eu o conhecia), achava que era bom, apesar de ter tido várias fases durante nossa vida em que eu não o queria de jeito nenhum. Os problemas não se resumiam a sexo, também havia as diferenças entre homem e mulher às quais eu não me adaptava. Além desses, outros problemas de ordem doméstica fizeram com que nos separássemos depois de quatro anos de casados. Desse relacionamento nasceu nossa filha Pietra, que, quando nos separamos, tinha apenas dois anos.

Formando uma família homoafetiva

Hoje, estou casada com a Carina e vejo a diferença que há entre um relacionamento e o outro! Me sinto completa, feliz, livre. Me sinto inteira e posso me doar inteiramente. Criamos as duas meninas, a minha e a dela, exatamente como muitos casais heterossexuais criam seus filhos, com problemas domésticos e alegrias mil. Nossas filhas estudam no mesmo colégio particular, na zona sul de São Paulo. Até hoje não tivemos nenhum problema com a escola. Fazemos questão de que os professores saibam do nosso relacionamento, vamos as duas juntas às reuniões das duas meninas, assinamos as agendas, cada uma num dia, e estamos juntas sempre, em todos os eventos do colégio. Os professores e coordenadores sabem que podem falar com qualquer uma de nós duas, para tudo que acontecer com qualquer uma das duas meninas. No colégio, e para todos os amigos, elas se tratam como irmãs. Se perguntam na rua, ou em qualquer lugar, dizem que são irmãs e são tratadas como tal por todos. Elas contam para alguns amiguinhos que suas mães são lésbicas, e, muitas vezes, isso é totalmente ignorado por eles. Outros contam para as mães, que os impedem de ir a festinhas etc. Mas elas conseguem superar isso muito bem, com o pensamento de que "se eles se importam com o relacionamento da minha mãe, é porque não são meus amigos de verdade".

Dentro da família da Carina, as meninas são tratadas quase como netas. Ganham os mesmos presentes etc. Por outro lado, na minha família eles tentam a todo custo ignorar que há outra criança em casa. Mas, muitas vezes, não conseguem e acabam cedendo...

Fazendo amor

Somos frígidas? Nem pensar... Apesar de ser notório que as mulheres são mais afetivas do que sexuais, não há coisa melhor no mundo do que fazer amor com quem se ama! Nossa vida sexual é muito ativa e extremamente satisfatória. Pode parecer meio antigo, mas temos, sim, papéis distintos tanto no dia a dia quanto na cama. Carina é mais masculina, e eu mais feminina. Estamos juntas há um ano e meio. Claro que é bem pouco, mesmo assim em outros relacionamentos a rotina sexual já teria se instalado. No nosso caso é diferente: inventamos mil coisas novas e acreditamos que entre quatro paredes, estando as duas de acordo, tudo é válido. Às vezes, usamos acessórios, mais por curiosidade que por necessidade, mas na maioria das vezes não. Na verdade tudo começa bem antes da cama, com olhares, gestos, apertões e palavras. Talvez por isso estamos sempre dispostas, apesar do cansaço – que só quem tem de administrar trabalho, casa, filhos e cachorros, sem empregados e sem dinheiro sobrando, sabe o como é. Às vezes o cansaço nos vence e caímos em sono profundo no momento em que nos deitamos, mas essa não é a regra.

Gostamos muito de estar juntas, somos fiéis, gostamos de transar, de conversar ou de simplesmente ficar abraçadas assistindo a um filme.

"CONHECI E CONHEÇO HOMENS MARAVILHOSOS"[22]

MARIA RITA (62 ANOS, PSICÓLOGA)

Mamãe era uma artista, era pianista, escrevia muito bem, era uma mulher feminista, pioneira em seu tempo. Ela não nos ensinou nada de coisas domésticas, com exceção de tricô, crochê, bordados, inclusive, renda filé e frivolité. Mamãe era cearense. Ela dizia que a gente tinha que estudar para ganhar bastante e pagar empregadas que fizessem o serviço. Sempre tivemos babás.

Eu tinha bonecas, mas não me lembro de adorar. Gostava de ganhá-las, porque era praxe com as meninas. Mas gostava muito mais de livros. Meu negócio eram as artes, sobretudo literatura e música.

Meus pais me achavam muito inteligente, lembro-me que me chamavam para dizer "coisas interessantes", recitar para as visitas. Eu vivia decorando versos e poesias, que desde os 3-4 anos declamava no colégio de minhas irmãs mais velhas, o Sacré-Coeur, em Ubá, MG, onde nasci e vivi até os 4 anos de idade. Fui uma criança muito feliz.

Marina Lima

Na adolescência, começaram os percalços. Mamãe começou a me segurar, porque talvez temesse que eu perdesse a virgindade, engravidasse ou algo assim. Então, a partir da adolescência, comecei a me sentir mais tolhida, mais presa. Dava sempre um jeito de mentir, de esconder. No fim, fazia tudo que queria. Mas eu era boa aluna. Não a melhor da classe. Estava entre as melhores.

Minha família era de classe média alta. Na época, papai era gerente de banco e vivíamos com muito conforto. Dos 13 anos em diante, perdi a conta do número de namorados que tive. Meninos, claro, nem me passava na cabeça namorar meninas.

Sobre minha homossexualidade, a única pista que tive de que "talvez tivesse alguma atração por mulheres" foi o fato de gostar muito, mas muito mesmo, da Marina Lima. Mas isso quando já era adulta, até casada. Gostava muito dela, da voz, achava linda, sensual. Mas nunca me imaginei na cama com ela. Só senti o primeiro arrepio de desejo por uma mulher quando a Fulvia se sentou ao meu lado no carro, na primeira vez que veio me ver onde eu morava. Nos conhecíamos somente pela internet. O braço de Fulvia roçou o meu quando mudei a marcha. A sensação foi maravilhosa. Eu vi que queria ela, eu a desejava. Mas isso aconteceu aos 50 anos. Por isso não sei dizer se descobri ou escolhi a minha homossexualidade. Eu sempre me achei boa de cama com os homens. Eu gosto muito deles. Tive desencantos, sim, mas não pelo sexo deles; foi com a pessoa dos dois homens com quem me casei. Conheci e conheço homens maravilhosos, a começar por meu pai e meu irmão. Meu primeiro casamento terminou com a viuvez, ele era alcoólatra e faleceu num acidente, deixando as filhas pequenas. O segundo me traiu e me deu um imenso golpe financeiro, perdi quase tudo que tinha conseguido em 25 anos de trabalho.

Difícil autoaceitação

Tive dificuldade em aceitar minha homossexualidade, porque foi tudo muito novo para mim. Como se eu tivesse sido um bicho a vida toda, e agora fosse outro. Tinha que procurar outra turma, conhecer outros hábitos, enfim, começar tudo de novo. E lidar com algo que era novo para mim, que era o preconceito.

O apoio da família é de importância vital. Temos raízes, por mais que neguemos, viemos de uma família, de um grupo social, e o olhar deles sobre nós, ou o significado desse olhar, é importante para todo mundo, por mais que se negue. Tanto, que muita gente rejeita a própria orientação, fica "casadinho", heterossexual, para não ter que criar um confronto com a família.

Mamãe faleceu em 1992, eu era casadíssima na época.

A descoberta tardia da homossexualidade

Conheci Fulvia quando meu casamento já estava fracassado, em 1998. Papai estava com Alzheimer, morava com uma de minhas irmãs. Ele faleceu em 2000. Com relação ao restante da família, nunca falamos do meu relacionamento homossexual, a não ser com minha irmã mais velha, que mora atualmente no Rio de Janeiro. Ela foi quem me telefonou, assim que Fulvia veio morar comigo, dizendo que todos sabiam e me queriam feliz. Depois não tocamos mais no assunto. No começo, lembro-me que minhas irmãs ainda me perguntavam, preocupadas, se eu sabia o que estava fazendo. Depois, começaram a gostar de Fulvia. Ela se tornou uma espécie de "fada madrinha" da família. Ajudava as sobrinhas, ia consertar coisas na casa das irmãs, fazer comida, servir como motorista, pau para toda obra. E minhas irmãs, cunhado, irmão, cunhada, sobrinhos, todos notavam que eu estava muito mais feliz.

Meus filhos aceitam muito bem, eu acredito. Eles gostam de Fulvia, respeitam-na e tratam-na como se sempre tivesse sido membro da família. No começo foi difícil, principalmente em relação às duas filhas mais velhas. Elas achavam que era fase, estranharam, principalmente uma delas. Depois, Fulvia se tornou para ela a confidente e amiga, como era para minhas irmãs.

Com os vizinhos continuou tudo normal. Fulvia veio morar comigo, todos viram, mas nunca fui "amiga" de vizinhos. Tratamo-nos cordialmente, e só. Com relação a amigos, passaram a não me procurar mais como antes. Poucos sobreviveram à "metamorfose". Nesse aspecto, me sinto solitária.

Uma feliz família homoafetiva

Tenho duas filhas adultas, casadas, um adolescente de 17 anos e uma neta de 12, de quem tenho a guarda legal. Todos ficaram sabendo por mim. Primeiro, conversei com as duas mais velhas, individualmente, depois também individualmente com os menores.

Desde o princípio, eles aceitaram com total naturalidade. Os amigos mais íntimos de Guilherme sabem, dormem aqui, adoram Fulvia. Ele só não gosta quando me exponho na imprensa, segundo ele, por causa de outros amigos que não são tão íntimos, de eventuais professores, pais de amigos etc. Porque praticamente a cidade toda sabe, mas ele acha desnecessário ficar exposto, e eu respeito. Até por causa da minha profissão.

O orgulho gay

Não tenho nem vergonha nem orgulho de ser gay. Não sei por que esse negócio de "orgulho" gay, acho um tipo de preconceito ao avesso. Não sou melhor nem pior por estar ou ser homossexual. Considero a vida dos heterossexuais muito mais fácil. O mundo foi feito para os heterossexuais desde a cartilha da escola até a ficha do ginecologista, os bailes, enfim, tudo. Infelizmente. Estamos na luta para tentar mudar isso para as futuras gerações. Lembro-me que, quando nem imaginava que um dia estaria casada com uma mulher, eu tive pacientes gays e lésbicas. Nunca vieram com queixa de querer trocar de lado, e sim por outras perdas e dores originadas em seus relacionamentos, que poderiam ser as mesmas dos heterossexuais. Eu nunca tive qualquer preconceito e ficava muito à vontade com eles, usava as mesmas técnicas que com os casais heterossexuais. Lembro-me de outras psicólogas com quem eu conversava... Trabalhei muito tempo com mais duas colegas que não se sentiam à vontade com pessoas homossexuais, não sabiam muito bem como conduzir. Não estavam preparadas.

A primeira transa

Nossa primeira transa foi no meu consultório. Fulvia tinha chegado na véspera em Limeira, e eu não sabia como seria para mim, sem nenhuma experiência com mulheres, tendo sido casada com dois homens. Inclusive, antes de a Fulvia chegar, eu havia avisado a ela que não criasse expectativas, que eu não sabia quando e como seria, poderia nem ser nessa viagem, ou poderia não ser nunca... Mas foi. E, pasme, quem tomou a iniciativa fui eu, a heterossexual convicta.

Quando Fulvia chegou, como eu ainda estava com marido em casa, hospedei-a no quarto da Paloma, minha neta. Já na primeira noite, enquanto Paloma estava fora do quarto, eu prensei Fulvia no guarda-roupa e lhe dei um beijo na boca, o melhor e maior beijo de minha vida, em todos os meus 50 anos, na época.

Passei a noite no quarto ao lado, pensando, querendo, sentindo brasas percorrendo o meu corpo. No dia seguinte, levei Fulvia para conhecer meu consultório, que, é claro, tem um divã na sala de atendimento. Mal entramos no consultório, eu a puxei para o divã e ficamos muito tempo nos olhando, nos tocando, acariciando cada centímetro de pele... E eu novamente tomei a iniciativa. Timidamente a princípio, depois determinada, encontrei seus seios e a beijei como nunca havia feito com ninguém, nem nunca ela havia recebido. Depois, encontrei rapidinho a gruta do amor. Tirei o que restava de sua roupa e parti para beijar aquele ninho onde eu, que havia sido casada, como disse, com dois homens, sempre ansiei ser beijada e nunca fui. Beijei-a tanto, foi tanto amor e carinho, que ela praticamente desfaleceu. Entrei em pânico, não sabia o que fazer, se teria que levar a um pronto-socorro (que horror! vergonha!), mas ela se recuperou e trocou de posição comigo.

Nesse momento, senti de perto o que alguns livros dizem sobre o momento do êxtase, que a gente vê estrelas! Eu as vi, como ouvi sinos tocarem, vislumbrei campos de tulipas... Foi tudo de mais lindo que vivi em minha vida! Quando ambas estávamos saciadas e felizes, cerca de hora e meia depois, ficamos novamente nos acariciando, fechando com chave de ouro aquela hora que fora só nossa!

Saímos do consultório e parei para abastecer o carro. Ao voltar, não vi Fulvia. Assustei-me, até que a vi trazendo para mim um lindo vaso de hortênsias lilases. Ela disse que ia ser o símbolo de nosso amor, houvesse o que houvesse. Acredita que a hortênsia foi plantada num vaso e hoje vive ainda conosco, em nosso jardim? Pois é, ela floresce todos os finais de maio. Com força. Como nosso amor, que floresce cada vez que acordamos juntas, adormece com nosso sono e fica revigorado e fortalecendo-se, sempre, a cada dia, cada mês. E principalmente nos finais de maio, e agora no início das primaveras, porque foi numa primavera recente que assinamos o compromisso de amor que temos, uma para com a outra, por toda a vida, até que a morte (não) nos separe...

Casamento por amor e por direito

Hoje, tenho o que sonhei: uma pessoa maravilhosa com quem quero envelhecer e ao lado de quem quero estar quando fizer a travessia, se Deus me permitir.

Eu gostaria de me casar com a Fulvia. Em primeiro lugar, pelas razões de praxe, as razões que vou chamar "racionais", de pensão, compartilhamento de bens, amparo legal. Mas também tem o lado das razões "afetivas": o casamento é um rito muito bonito, eu sempre gostei de me casar, tanto que o fiz duas vezes, com dois homens. Saint Exupéry disse que "o amor precisa de rituais". Gosto dos rituais de passagem, sejam civilizados ou primitivos, e considero o casamento um ritual de passagem. Um jeito de dizer ao mundo: "Olha, essa pessoa me ama, eu a amo, e vamos fazer de tudo para tornar este mundo mais bonito".

"UMA FAMÍLIA DE MULHERES FORTES"[23]

NATASHA (46 ANOS, ANALISTA DE SISTEMAS E ESCRITORA)

Uma visão histórica

Nasci no início da década de 1960, mais precisamente em 1962. Uma década prodigiosa e marcante quanto às mudanças dos paradigmas sociais, dos valores morais. Uma época de uma efervescência cultural a questionar costumes, a derrubar conceitos e rever preconceitos, definitivamente datando o feminismo, a liberação sexual feminina, a pílula, os contraceptivos. Uma época repleta de ideais e idealistas de um mundo de paz, de um mundo mais hedonista na figura do movimento hippie, de um mundo mais preocupado com as desigualdades sociais, étnicas e raciais, de um mundo que se queria mais humano, um mundo sonhador em confronto com forças políticas, econômicas e religiosas que não estavam dispostas a ceder a posição de poder que ocupavam.

Mudanças são processos nos quais nem todos são inseridos de imediato. As pessoas vão sendo arrebanhadas aos poucos. E, com a tomada de consciência, os novos caminhos sugeridos, os novos valores, uma nova ética nas relações serão ou não adquiridos em razão da história pessoal dos indivíduos e de tudo a que foram submetidos de acordo com sua orientação de vida. Mas eu estava inserida no processo de mudança.

Mulheres precursoras

Vim de uma família de mulheres fortes, de personalidades marcantes, que foram senhoras absolutas na condução de suas histórias de vida. Uma bisavó paterna que concebeu na ausência de um casamento e gerou uma filha que atravessou o Atlântico, sozinha, aos 17 anos, atrás daquele que julgou ser o amor de sua vida. Por diferenças de classes sociais, tinham sido separados por continentes, empecilho que ela venceu penhorando a casa da mãe. Uma bisavó materna que, pelos idos de 1800, saía sozinha para saraus e tertúlias sem a companhia do marido. Uma avó materna separada e que levava a vida conforme a própria vontade. Muitas mulheres solteiras, porque optaram por profissões, viagens, pelo não aprisionamento a um casamento.

Assim, meus valores familiares foram permeados de um ideário feminino livre de qualquer padrão social imposto, muito antes dos anos 1960. Ser uma mulher sempre foi muito bom, muito belo, muito importante, mesmo sem associar isso à figura materna, à esposa, figura quase imaculada de uma santa e casta. Essas eram mulheres com desejos, com sonhos, com ideais e ideias próprias. Não perfeitas, mas humanas, com erros e acertos. Meu pai era um homem sem preconceitos e não aprisionado a estereótipos, por vezes perdido em meio aos requisitos sociais, mas livre de interferências no seu modo de pensar.

Assim, meus pais, pode-se dizer que sempre foram e são uma dupla que veio ao mundo a passeio. Para os conceitos vigentes, talvez um pouco irresponsáveis, mas, graças a isso, nunca fui submetida a nenhuma ótica de vida com padrões e valores políticos, sociais e religiosos. A herança deles para mim foi o livre pensar – e por isso eu agradeço imensamente –, além da irmã que se tornou minha eterna cúmplice nessa infindável investigação e observação da vida.

Meus primeiros anos de vida foram vividos num prédio no centro da cidade de São Paulo, já uma metrópole com toda exuberância e feiura das grandes cidades que têm por vocação essa mistura de culturas, estilos de vida, de estética peculiar onde se fundem todas as tendências.

No coração urbano, nesse prédio que poderia se dizer um "balança mas não cai", literalmente, convivi com artistas, com prostitutas, com migrantes nordestinos, com refugiados de outros países, amantes e, por fim, meus pares, as lésbicas. Havia dois casais de lésbicas no prédio: um vizinho de porta, que frequentava minha casa normalmente e eu a delas; um casal diferente dos demais, mas, ainda assim, um casal que compartilhava, que namorava e fazia churrasco numa grande marquise do prédio que nos servia de terraço, que deixava suas roupas íntimas à mostra e a demonstrar, entre calcinhas e cuecas sem homens, um relacionamento diferente do habitual, que despertava a curiosidade de alguns, indagações de outros, mas nunca um apontar de dedos como sendo algo errado e anormal, apenas diferente, numa convivência pacífica.

Foi assim que a "lesbianidade" adentrou a minha vida sem maiores traumas. Não posso dizer que nessa idade fosse possível identificar em mim uma orientação sexual, muito embora a vizinha prostituta – garota de programa como chamam hoje – me despertasse um interesse enorme pela sua beleza, delicadeza e elegância. Era uma atração que anos depois pude identificar como homossexual, e guardar nas lembranças ternas tardes que passei ao seu lado enquanto ela pintava seus quadros, sentindo algo que eu não podia compreender dentro de mim.

A infância e a escola foram marcadas pelo meu deparar com as diferenças existentes entre mim e a maioria das outras crianças, com valores muito diferentes dos meus. Eu era aquela menina que jogava futebol, batia figurinha, empinava pipa, jogava botão e adorava os brinquedos dos meninos, que eram muito menos enfadonhos que os das meninas brincando de casinha e fazendo comidinha, reproduzindo a dona de casa.

Não fui criada com o lema "isso é coisa para menina" e "aquilo é coisa para meninos". Brinquedos serviam à diversão e ao aprendizado, ao aprimoramento da inteligência e da capacidade cognitiva, muito distante dos valores medianos de reproduzir valores morais em crianças que ainda nada sabem do que desejam da vida. Assim, minha vida não era rosa para meninas e azul para meninos, posso afirmar com convicção. Era um belo arco-íris a ser explorado, onde o meu feminino tão belo não necessitava de provas, mas, certamente, acarretava problemas de convivência quando confrontado com o dos demais.

O que dizer de um lado homossexual que não podia ser exibido? Nesse período, amores platônicos, uma atração pelo feminino era em mim interiorizada sem que tivesse pares para discuti-la, para compartilhar ou mesmo ter referências literárias, cinematográficas, televisivas que espelhassem esse modo alternativo de atração e de sentir. Certamente não foi bom não ter outros modelos para me identificar.

A exposição da homossexualidade sempre foi maior para o lado masculino, porque o contato com homossexuais masculinos e sua visibilidade pública estiveram mais presentes. No próprio estudo da história, aprendemos mais sobre os espartanos e a homossexualidade nas relações deles do que sobre uma poeta grega, Safo de Lesbos, e seus relacionamentos homossexuais. Embora ambos os gêneros se identifiquem com o fato de amarem e sentirem atração por seus iguais, as diferenças entre homens e mulheres ainda permanecem, o que torna difícil até hoje referências sobre a sexualidade feminina e seu comportamento. Restaram-me muitos livros de psicologia e muitos filmes de arte.

Atração pelas mulheres

Minha juventude foi permeada pela contínua atração pelo sexo feminino, bem como pelo explorar a minha própria feminilidade. Admirava as garotas e atrizes. Cortava os cabelos e me trajava como uma atriz que eu admirava por sua beleza e suavidade, o que me acarretou algumas dúvidas sobre o que eu sentia por mulheres ser realmente desejo ou uma empatia. Namorei rapazes para ter certeza e descobri neles apenas bons amigos. Assumi para mim as mulheres e namorei garotas na juventude; a maioria delas se diziam – e algumas até eram – heterossexuais. Com uma mulher casada, mantive um relacionamento mais longo e foi a primeira que cheguei a amar. Como podem concluir, não deu certo.

Enfrentando questões de gênero

Eu fugia um pouco do meio homossexual – como boates e bares – porque nele encontrei muitas pessoas reféns de preconceitos. Pessoas com problemas quanto ao seu próprio gênero. Muitas mulheres que se travestiam em atitudes masculinas e viviam relações homossexuais, não por ser essa sua orientação, mas por terem nesse comportamento uma fuga da mulher oprimida e uma suposta liberdade. Assim, poucas vezes encontrava os meus pares: mulheres que gostavam de ser mulheres e amavam outras mulheres.

Eu não queria reproduzir uma relação heterossexual com parceiras que desempenhavam papéis femininos e masculinos. A homossexualidade para mim sempre foi a atração e o desejo pelos iguais. E a maioria dos bares e boates eram frequentados por mulheres que assumiam esse papel estereotipado, quer por gostarem, quer por influência do meio, ou, como já citei, por idealização de uma suposta liberdade. A vida acontecia num submundo ao qual eu não estava acostumada, já que, desde os meus 14 anos, minha família já sabia da minha orientação sem maiores dramas a respeito.

Eu não me sentia bem num papel de caminhar pelas sombras, muito embora as condições me obrigassem para evitar maiores problemas pessoais e depois profissionais, dado o preconceito existente que, infelizmente, não se dissolveu, mesmo após todas as tentativas de revoluções culturais dos anos 1960. No dia a dia – não nos relacionamos em meios mais abertos para o diferente, como um meio artístico, ou um meio cultural mais elevado –, nos relacionamos com pessoas comuns, elas estão muito mais sujeitas aos valores sociais e religiosos para a manutenção de um estilo de vida do que à aceitação de estilos que lhes sejam diferentes ou afrontem suas crenças que, bem ou mal, lhes dão os alicerces para o que conhecem e com que sabem lidar.

Machismo e consequências

O preconceito e a discriminação chegaram até mim de uma forma peculiar, quando eu e minha irmã, em um barzinho numa praia de Santos, fomos abordadas por rapazes e, não correspondendo ao assédio, fomos xingadas de lésbicas – como se a palavra lésbica tivesse um conteúdo pejorativo que habitava a cabeça deles. Naquele momento eu percebi que, muito além do preconceito do diferente, estava ali presente a opressão sobre a figura da mulher que, ao expressar carinho por outra, desperta no homem desejo e fetiche. Percebi que ele não admite ser rejeitado! A sexualidade feminina deve sempre estar ao dispor do homem, a mulher não pode e nem deve ter vida além do universo masculino e essa ideia foi disseminada no coletivo feminino. O homem pensa que, numa relação entre duas mulheres, sempre faltará alguma coisa. Mas o que eles não enxergam é o fato de ser exatamente essa falta que as atrai, porque entre duas mulheres não é necessário doses maciças de testosterona e sim doses maciças de afeto, carinho, romantismo e sedução, o que as conduz ao clímax sexual, o resto são apenas apetrechos. E, sim, mulheres gozam e querem ter prazer.

Outros exemplos do que o preconceito faz são aqueles de conhecimento público, como o fato de não podermos expressar o nosso amor a olhos vistos como as demais pessoas. É muito triste pensar que outras pessoas se sentem agredidas por presenciarem uma cena de carinho entre dois seres, ou quando revelamos ter uma orientação sexual diferente. E, se uma pessoa do mesmo sexo já adianta para nós que ela não é assim, eu respondo: "Não se preocupe, você não faz o meu tipo e o que sou não é em função de você". Além disso, o mais gritante de tudo é que, ao sonegarem nossos direitos de cidadãs que pagam impostos e obedecem aos mesmos deveres, estão nos usurpando dos mesmos direitos.

O auxílio da tecnologia

Os anos 1990, para mim, foram os reais anos da libertação homossexual e o início da sua exposição para o mundo, com as novas tecnologias que proporcionam a comunicação entre pessoas diferentes: vindas de localidades diferentes, culturas diferentes, com estilos de vida diferentes. Primeiro os BBS[24] e depois a internet interligaram todas essas pessoas e deram visibilidade a essa massa que vivia nas sombras do esquecimento opressivo ou nos submundos de guetos.

A princípio a tecnologia lhes deu voz e conhecimento para não se saberem mais tão sós, lhes deu parâmetros de quem eram, referências de comportamento e a segurança do anonimato. E, depois, a tela de um monitor para encontros e formação de grupos de novos ativistas que podiam melhor se articular até chegarmos a uma passeata, a primeira que, em 1997, abriu caminho para a maior Parada LGBT do mundo, hoje em São Paulo. Finalmente o mundo podia nos ver com nossas diferentes tribos, cores, jeitos e trejeitos. Ganhamos a mídia impressa, televisiva e, se não totalmente aceitos, ao menos conseguimos que fosse discutida a nossa condição, o que hoje, mesmo em pequenos avanços, nos garantiu algumas leis e jurisprudência em defesa dos nossos direitos.

Hoje, já no século XXI, temos a nossa geração "flex": garotos e garotas fugindo dos rótulos, das imposições de quem devemos amar, para simplesmente amar quem desejam, ficar com quem desejam, sejam homens ou mulheres; demonstrando que afeto e amor não fazem mal a ninguém e, sim, são o nosso melhor atributo como seres humanos capazes de sentir.

Ser uma mulher que ama outra mulher não é renegar o feminino, mas abraçá-lo em dose dupla.

"ESTOU CASADA HÁ VINTE ANOS"[25]

CARMEN (49 ANOS, ADVOGADA)

Eu sempre soube que era diferente

Sou do interior e de uma família extremamente conservadora. Atualmente, meus pais são evangélicos, mas, independentemente da religião, sempre foram de princípios e atitudes arcaicas.

Eu sempre soube que era "diferente", pois não tinha as "frescuras" que minhas primas e amigas tinham ao ver um homem, um garoto bonito... Ao contrário, eu tinha uma curiosidade incrível pelas mulheres.

Embora tenha tido uns namoradinhos entre meus 12 e 15 anos, a primeira experiência sexual foi exatamente com uma mulher. Minha primeira namorada, com quem fiquei durante um ano e meio, era casada, mãe de uma menina. O que surgiu entre nós foi muito louco, a ponto de ela largar o marido para ficar comigo. Contudo, assumir esse relacionamento era algo apavorante. Namorávamos às escondidas, nos encontrávamos em lugares ermos ou fora da cidade, uma verdadeira aventura.

Na época, eu tinha 18 anos, já trabalhava e estava iniciando a faculdade. Lembro que, diante da minha total ingenuidade, minha mãe acabou descobrindo meu relacionamento. Tornou minha vida um inferno, me seguindo nas ruas, no trabalho, não me dando chance de respirar.

A faculdade me dava um pouco mais de liberdade, pois ficava a trinta quilômetros de minha cidade e, por ser longe, minha mãe não tinha como exercer seu poder total sobre mim. Mesmo assim, ela ainda tentou de tudo para que eu parasse de estudar. Resisti, lutei, era a única hora em que eu tinha liberdade. Foram dias terríveis que culminaram com o término do meu namoro.

Uma batalha perdida

Depois de algum tempo, e uma vez que a passagem estava ficando caríssima, resolvi que moraria na cidade onde ficava a faculdade e trabalharia lá para terminar meus estudos. Seria uma batalha a vencer e, quando contei isso em casa, minha mãe quase teve um colapso. Mas depois de muita conversa consegui convencer ela e meu pai.

Arrumei um emprego e me mudei. Ah! Foi uma maravilha, mas também foi meu inferno, pois, com a sensação de liberdade, me envolvi com pessoas de todas as espécies e aí vieram o álcool, as drogas, a loucura total. Mais uma vez minha mãe entrou em cena e fui obrigada a trancar a matrícula da faculdade e voltar para casa. Foram três anos de minha vida quase jogados pela janela. Eu estava doente e, o pior, minha mãe passou a me chantagear, me dizendo que, se eu não largasse essa "sem-vergonhice", leia-se "homossexualidade", contaria para o meu pai. Meu pai sempre foi severo, e eu o respeitava muito. Fiquei doida, sem saber o que fazer.

Cuidei de minha doença e quis voltar a estudar, mas eu tinha que dar um jeito, foi quando iniciei um namoro com um amigo recém-conhecido. Ele era interessado em mim, era carinhoso e me disse que sabia da minha homossexualidade. Eu neguei, disse que havia tido uma experiência e nada mais. Começamos a namorar, minha mãe ficou radiante, eu voltei a estudar e tudo ficou em paz. Para eles, porque pra mim era mais um inferno.

Por várias vezes, meu namorado dizia que queria transar comigo, mas eu saía pela tangente, dizendo que era cedo etc., etc... Ele dizia que seria carinhoso comigo e, pior, dizia que queria casar. Quando penso nisso hoje parece algo bem idiota, mas a verdade é que eu fazia tudo para fugir dessa situação. Sempre que eu podia, e longe de minha cidade, arrumava uma namoradinha para me sentir viva, para ser eu mesma; mas quando chegava o dia de encontrar meu namorado, vivia momentos de verdadeiro terror. Apesar de meu amigo ter uma cabeça superlegal e de eu até gostar dele, não conseguia me imaginar na cama com ele. Até que um dia cedi... Apesar de todo o carinho que recebi, não consegui nada e senti um imenso nojo de mim mesma. Foi horrível, me senti violentada! Depois disso, não consegui ficar mais com ele e terminamos.

Depois dessa experiência funesta, que na verdade serviu apenas para saciar os anseios de minha mãe, me dediquei aos estudos. Nessa época já havia transferido minha faculdade para o Rio de Janeiro, onde me formei.

É engraçado como as coisas acontecem. Até conhecer Nina, nunca tive coragem de "sair do armário" e, para tentar tirar minha mãe do meu pé, arrumei até namorado e me envolvi com ele. Hoje vejo o mal que foi pra mim e pra ele, obviamente.

Aliás, "sair do armário" na minha época era algo inimaginável e eu tinha um medo danado de ser rejeitada por meus irmãos, meus pais, minha família, meus amigos. Mesmo assim, fui vítima de preconceito várias vezes. Hoje vejo algumas lésbicas se envolvendo com homens não por questões culturais, mas pela própria bissexualidade.

Encontrando um grande amor

Quando conheci Nina, há vinte anos, eu já não morava com meus pais. Tinha meu emprego, uma vida mais ou menos estabilizada, mas solitária – pois eu não encontrara a pessoa certa pra mim.

Eu a conheci dois meses antes do meu aniversário, através de uma amiga em comum. Por ela ser bem mais nova, no início a achei meio infantil, mas, depois, fui vendo que de infantil ela não tinha nada. Inteligente, sagaz, alegre, moleca, carinhosa, enfim, uma mulher para ninguém colocar defeito, embora eu tenha achado um defeito nela. Nina não fazia o tipo "mulheríssima", andava meio largada. Vestia-se de modo irreverente, só depois descobri o "porquê". Nina, por ser poeta, andava entre artistas e literatos, uma verdadeira "boêmia" por quem me apaixonei. Uma paixão que eu não entendia, mas que no fundo sabia que ia dar certo. Depois de algum tempo, Nina foi morar comigo.

Enfrentando tudo para ser feliz

Os buchichos na minha cidade começaram a circular, minha família passou a me indagar sobre tais comentários e eu sempre desconversava. Um dia não aguentei e abri o jogo para meus irmãos. Meu irmão passou a me odiar, e minha irmã me aceitou sem restrições. Sem perceber, passei a ter forças para assumir minha homossexualidade na minha própria cidade e isso me custou muito caro. Perdi meu emprego, fui perseguida de maneiras absurdas! O mesmo aconteceu com Nina, até que decidimos vir em definitivo para o Rio, onde nos assumimos de verdade. Estou casada com Nina há vinte anos.

Sair do armário não é nada fácil e isso nos custou muito. Nina sempre foi assumida para a família dela, mas eu nunca pude fazer o mesmo, pois meus pais me negariam, certamente.

Obviamente que meus pais sabem, mas preferem tapar o sol com a peneira e eu procuro respeitar, apesar de não aceitar, pois eles veem que dormimos na mesma cama há vinte anos. Minha mãe tentou fazer o jogo da religião comigo e fui obrigada a estabelecer um contrato com ela: eu não falo da religião dela e ela não pergunta sobre a minha vida, e assim vamos vivendo.

Pra mim isso não é legal, pois muitas vezes sinto vontade de deitar no colo de minha mãe para falar de mim, das minhas dificuldades em relação a muitas coisas, das minhas brigas com Nina etc. Mas não posso fazer isso e aí só me resta a minha irmã, que nem sempre está disponível.

Durante todos esses anos que vivo com Nina, aprendi muito, pois ela me ensinou a entender minha família, a me entender, a me assumir de fato. Parece estranho, mas não é. A verdade é que assumi, de fato, minha homossexualidade quando senti a segurança de um relacionamento, e foi Nina que me deu isso. Nosso relacionamento é como o de todo e qualquer casal. Já tivemos altos e baixos, já estivemos em crise, já nos separamos dentro de casa... Mas existe entre nós algo muito maior que tudo na vida: o respeito, o carinho, o amor verdadeiro.

Nosso relacionamento hoje é maduro, tranquilo. Para alguns amigos somos o par perfeito, mas não é bem assim. Somos apenas duas mulheres que se amam, se respeitam, lutam juntas, são parceiras, companheiras com o mesmo objetivo: APENAS SERMOS FELIZES.

☼

"SEXO ORAL, VAGINAL, ANAL..."[26]

THAIS (20 ANOS, ESTUDANTE)

Ser ativa como consequência de ser diferente

Eu tive uma pré-adolescência bem assexuada, não ligava muito para possíveis pretendentes e também não achava sexo um tabu. Por muito tempo achei apenas que era um pouco séria demais, não ligava para o que minhas amigas ligavam até começar a me interessar por garotas. Eu tinha mais ou menos 12 anos, já tinha beijado um menino e tinha sido péssimo! Assim, comecei a perceber que ficava encantada com meninas que conhecia, com colegas da escola, e passei a refletir sobre isso, já que nunca tinha concretizado a ideia de ser lésbica.

Comecei a sair com um grupo de lésbicas que se encontravam todos os finais de semana e assim comecei a ter minhas certezas. Mas ainda não tinha ficado com nenhuma menina, e sexo começava a ser um tabu. Saí do armário para minha família com 15 anos, e eles me aceitaram muito bem! Eu já tinha certeza que não gostava de homens e também já tinha ficado com algumas meninas. Namorei algumas meninas, mas nada de sexo. É complicado fazer sexo quando é uma área completamente desconhecida, ninguém te dá aulas de sexo seguro entre lésbicas na escola.

Sempre fui muito tímida e introvertida, então tive uma dificuldade enorme em me entregar a uma pessoa. Não conseguia deixar que minhas namoradas me tocassem, não tinha intimidade suficiente, então por um bom tempo fui o que chamam de ativa no meio homossexual. Assim, fui ficando confiante e começando a entender o prazer do sexo.

Quando o sexo aproxima

Com 18 anos, conheci minha atual namorada e foi uma relação completamente diferente das outras. Começamos sendo apenas amigas, namorávamos outras meninas no início, mas foi uma questão de tempo para namorarmos. Uma das principais coisas para nos aproximarmos como namoradas foi o sexo, pois existia uma tensão sexual enorme entre a gente. Foi a primeira vez que me senti confiante para me entregar a alguém e mesmo assim no começo foi meio estranho.

Com o tempo, sexo foi se tornando uma coisa incrível! Com a intimidade que temos, estamos sempre dispostas a experimentar novas coisas. Águeda, minha namorada, é dois anos mais velha do que eu e já transou com homens, coisa que eu nunca fiz. Assim, quando começamos a namorar ela me ensinou a penetração com dedos e "dildos"[27], e com o tempo foi me relaxando para que eu pudesse ser penetrada também. Sempre gostamos muito de sexo oral e de uma "bater" para a outra – afinal, nada melhor que dedos de uma pianista para te fazer feliz!

Foi a primeira mulher para quem me entreguei de verdade, tanto na parte emocional quanto na sexual. Enquanto descobríamos na prática como era fazer sexo, também nos reuníamos com várias amigas para falar de sexo e trocar experiências e isso nos estimulava a tentar sempre novas coisas e a ampliar os horizontes do sexo. Inventamos posições, melhores lugares para transar, melhores combinações, debatíamos sexo oral, vaginal e anal, pesquisávamos sobre os melhores acessórios e as novidades.

Foi uma fase divertidíssima essa da descoberta do corpo e da sexualidade sem nenhum pudor ou vergonha. Foi muito bom descobrir com mulheres incríveis, amigas e namorada, a sexualidade que, muitas vezes, pensamos que não temos ou temos vergonha de ter.

"EM DEFESA DOS DIREITOS HUMANOS"[28]

IRINA (37 ANOS, FISIOTERAPEUTA)

Lutando para vencer a solidão

Percebi que era lésbica tarde, com 29 anos. Até então, talvez até por ser uma pessoa extremamente fechada e tímida, não dava margem nem para que eu mesma percebesse minha homossexualidade. Tive namorados, mas, pensando em minha vida, acho que sempre fui homossexual, só não deixei a "ficha cair". Por isso, quando me dei conta, estava só. Não tinha com quem dividir, nenhuma amiga, nenhum familiar, nada. Venci eu mesma o medo e fui à internet procurar iguais. Entrei em salas de bate-papo e lá busquei pessoas que me ajudaram a entender, pessoas com quem me relacionei.

Não via a homossexualidade como doença, por isso não achei que estava fazendo nada de errado. Só tive problemas comigo mesma por causa da minha religião. Mas, da mesma forma que a religião me questionou, me ajudou a entender o que sou e que não estava errada.

Logo depois, me envolvi em um relacionamento mais sério e fui morar com a garota. Decidi contar à minha irmã, que acabou espalhando para a família mais próxima, como irmãos e tios. Com o meu pai, nunca sentei e disse: "Sou lésbica". Não precisei fazer isso. Hoje, em meu terceiro casamento, sei que ele sabe e me aceita, assim como aceitou todas as minhas companheiras, sempre nos recebendo em sua casa. Agora, depois da militância, creio que todos da minha família sabem, pois já apareci várias vezes na televisão. Foi numa dessas entrevistas que uma parte mais distante da família soube e me ligou, me dando o maior apoio.

Enfrentando o preconceito

A única ocasião em que me senti discriminada em razão da minha orientação sexual foi por uma tia. Eu e minha ex-companheira precisávamos ficar na casa dela, em uma determinada cidade. Ela não nos recebeu. Explicou que não poderia receber "minha amiga". Eu respondi: "Tudo bem, é sua casa e respeito sua decisão". Mas, intimamente, me senti mal. Não pela recusa em si, mas pelo sentimento de preconceito que nunca havia sentido. Por isso, penso que o apoio dos pais é muito importante para os homossexuais, pois dá segurança para que enfrentem o preconceito. Eu só soube enfrentar porque já tinha 33 anos e tinha opinião formada para lidar com isso. Mas para os adolescentes isso é bem diferente, eles não são tão seguros assim e se abalam muito com a falta de apoio da sociedade e principalmente dos pais.

O preconceito é doloroso, deixa marcas na gente e mexe com a nossa estrutura emocional, podendo até causar transtornos físicos, mas as pessoas não se dão conta ou fingem não se dar. Recentemente, senti na pele a dor desse preconceito, não pela minha orientação sexual, mas sim pela obesidade. Tive um emprego negado em razão dela e então senti toda a dor que isso pode gerar e, principalmente, o quanto isso se reflete em nosso emocional e físico. Desenvolvi, inclusive, bulimia, que tive de tratar com antidepressivo.

Meu atual trabalho é todo voltado para a defesa dos direitos humanos, principalmente das mulheres, de lésbicas, gays, bissexuais, travestis e transexuais, por isso não preciso me preocupar se as pessoas sabem que sou lésbica ou não. Tampouco se faz necessário levantar a minha bandeira, visto que levanto a bandeira maior e de todos. Nem sempre foi assim, nem sempre foi possível levantar bandeira, apesar de nunca ter estado no armário. Mas hoje sei que muitas das portas que se fecharam, em relação a trabalho, foi devido ao fato de eu ter me tornado ativista. Depois que comecei a militar, as coisas ficaram até mais fáceis, porque posso conversar sobre preconceito, sobre minha família e minha vida.

Quanto a estar ou não dentro do armário, eu diria que cada um sabe onde o calo aperta. Tudo tem seu tempo, por isso devemos respeitar o tempo de cada um para se revelar. Garanto, no entanto, que a vida fora do armário é bem mais fácil e saudável.

As vitórias da militância

A militância me ajudou muito. A verdade é que a militância no Brasil melhorou e muito as condições de vida dos homossexuais e pessoas transexuais, pois, ao se dar visibilidade à causa, muitas pessoas preconceituosas por ignorância deixaram de ser – por conhecer a homossexualidade, entender que não é doença, que não se pega, não é hereditário e nem modismo. Sabem que os homossexuais são capazes de constituir família, de ter filhos.

As paradas têm se multiplicado pelo Brasil afora. Hoje no país contamos com mais de cem manifestações pelo direito de ser feliz, pelo direito de amar e ser amado, pelo direito de ser o que somos, pelo direito de ir e vir, pelo direito de viver.

Os países da Europa foram os que mais avançaram em relação aos direitos dos homossexuais. Holanda, Bélgica e Espanha se destacaram – sobretudo esta última, por ser um país de expressão católica. Canadá e África do Sul integram o rol de países que permitem a união entre pessoas do mesmo sexo. Certos Estados norte-americanos e outros tantos países europeus permitem a parceria civil, como: Croácia, Dinamarca, Finlândia, França, Alemanha, Grã-Bretanha, Hungria, Islândia, Luxemburgo, Nova Zelândia, Noruega, Portugal, Suécia e Holanda. Dentre os Estados norte-americanos estão: Califórnia, Connecticut, Nova Jersey, Vermont e Massachusetts, este último com direito a união civil. Isso, por enquanto.

Cabe ressaltar que a diferença entre casamento civil e parceria civil é a seguinte: no casamento, os parceiros são vistos como casal e têm direitos de família, como adoção e bens de família; já a parceria é um contrato entre os parceiros, que regulamenta direitos sucessórios e patrimoniais.

No Brasil, o Estado que mais se destaca nessa questão é o Rio Grande do Sul. É o único a ter um provimento que permite o registro em cartório de um contrato de convivência afetiva, bem como as decisões judiciais quanto a pensão, bens etc. Alguns outros estados permitem o contrato, como São Paulo, Minas Gerais, Acre, Rio de Janeiro, Bahia e Paraná, principalmente suas capitais, mas não há um provimento que obrigue os cartórios a aceitar. Diante disso, os avanços vêm por via judicial.

Os avanços são lentos, mas concretos, apesar da influência de entidades conservadoras como a Igreja Católica, principalmente agora, com o último papa e o atual. Ele é ultraconservador. Por mais retrógrada que a Igreja Católica fosse, nos últimos tempos ela vinha abrindo mais as portas para a sociedade. Bento XVI voltou a fechar as portas. Só lamento que essa postura contribua ainda mais para a intolerância existente no mundo contra nós, homossexuais.

"QUASE PERDI MEUS FILHOS"[29]

HEDI (61 ANOS, PROFISSIONAL DE MARKETING)

Minha vida em amor

Sempre soube de minha preferência por meninas. Acho que sempre soube que era lésbica, apesar de não ter clareza quanto ao fato, intelectualmente, durante minha infância. Minha primeira namoradinha? Foi aos 7 anos, íamos ao cinema de mãos dadas e dávamos selinhos.

Em toda minha vida, como lésbica, tive quatro relacionamentos, todos longos. Com a primeira, uma atriz, vivi por sete anos. Com a segunda, o mesmo período; e, com a terceira, foram vinte anos. Com a última, estamos juntas há três anos.

No meu casamento de vinte anos, adotamos três filhos. Como em nosso país não há legislação que nos permita adotar em nome do casal do mesmo sexo, dois foram registrados no nome de minha companheira e um em meu nome. Tínhamos planos de adotar mais dois.

Quando nossos filhos tinham de 4 para 5 anos, fizemos testamentos e uma nomeou a outra tutora de seus filhos, e foi muito útil tal atitude. Anos depois, um acidente levou meu olho direito e meu coração. Minha mulher se foi para outros mundos.

A consequência disso foi que, como não somos garantidas por lei, como nossos legisladores e os fundamentalistas religiosos fazem frente para não haver aprovações dos projetos de leis que nos favoreçam, quase perdi meus filhos. Minha família quase foi esfacelada, não só pela morte de minha companheira, mas porque meus filhos poderiam ser tirados de mim. Por felicidade, o documento que fizemos teve legitimidade perante o juiz e fiquei com a guarda de meus amores.

Militância, também por amor

Passei um ano me recuperando do acidente automobilístico. E, como vivi o risco da perda de meus filhos, tão logo me recuperei, ingressei na militância. O objetivo de minha luta, inicialmente, era que legisladores e nosso Congresso aprovem as leis a que temos direito como cidadãs e cidadãos que cumprem com suas obrigações.

Posteriormente, ao fazer contato com inúmeros grupos ativistas, participar de listas de discussão, comecei a conviver com as práticas homofóbicas e discriminatórias em todo o Brasil. Então abracei ainda mais minha atividade como militante lésbica.

Minha linda família, meus filhos que chegaram à maioridade agora, me oferecem seu suporte e seu testemunho de que uma família homoafetiva é como uma família qualquer que se respeita e se ama. Eles mesmos se dispõem a oferecer seus depoimentos. Assim, minha família está constantemente na mídia, não porque somos narcisistas, mas porque somos uma família e meus filhos acham importante dar visibilidade às famílias homoafetivas. Assim, formamos uma cidadania familiar também.

Fui ativista estudantil quando vivíamos a ditadura militar. Agora vivemos a ditadura heteronormativa em nossa sociedade. Uma ditadura silenciosa que humilha, que destroça, que devasta a vida de milhões de brasileiros e brasileiras. Eu mesma vivi uma bela história de amor por dois anos, porém no terceiro ano ela foi interrompida pela homofobia familiar.

Não posso me omitir, não posso deixar de lutar para a legitimação dos direitos homossexuais e das leis que contemplem 10% da população brasileira. Não posso me omitir quando cerca de cem homossexuais são assassinados anualmente no Brasil! Não posso me omitir quando temos centenas e milhares de homossexuais expulsos de casa por seus pais. Tampouco quando outros tantos jovens se matam por discriminação familiar.

Não posso ficar calada quando vejo minhas amigas e amigos serem espancados na rua pelo simples fato de serem homossexuais e estarem em atitudes ternas em público, além de não serem atendidos com respeito nas delegacias por aqueles que deveriam protegê-los.

Como posso não chorar quando travestis são humilhados nas delegacias, sendo obrigados a trabalhos forçados e a terem seus corpos inundados com fezes? Como posso não me sensibilizar e querer apenas que eu e minhas iguais possamos viver numa sociedade mais justa?

"FAMÍLIAS HOMOAFETIVAS COMO A NOSSA..."[30]

MARIA RITA (62 ANOS, PSICÓLOGA)

Onde as famílias homoafetivas se encontram

Logo após ter juntado a minha vida com a de Fulvia, percebi a necessidade de conhecer outras famílias que fossem famílias homoafetivas como a nossa e tivessem filhos – de casamentos anteriores, adotivos, por inseminação, ou seja, como fosse. Assim, começamos procurando pela internet se já havia um grupo assim. Como não havia, fizemos acontecer... e esta história começou em março de 2002. Portanto, já tem pouco mais de seis anos.

Nosso objetivo, com a fundação do grupo Famílias Alternativas (Falt), foi promover o encontro entre as "novas famílias", formadas por pessoas homoafetivas de ambos os sexos, que têm relacionamentos estáveis, com ou sem filhos (adotivos, de casamentos anteriores ou por outro método). Através desse encontro e do estabelecimento de laços entre nós, ficou mais fácil discutir e propor soluções para problemas comuns. Estamos fazendo história, e para isto temos que nos conhecer e reunir nossas ideias, inquietações e sonhos.

A Falt passou por vários períodos, como na história das pessoas também se passa. Tivemos períodos áureos em que nos encontrávamos muito e sempre, presencialmente inclusive. Houve um período em que ficamos aqui na cidade do interior onde Fulvia e eu moramos, numa chácara alugada, por um final de semana inteiro, redigindo e aprovando o estatuto para fazer da Falt uma ONG. Depois vieram outras ideias, e, infelizmente, não foi possível realizar essa ideia da ONG, porque o endereço não poderia ser em São Paulo, e não temos uma sede, somos um grupo virtual. Já tivemos um site na net, bonitinho, que era feito gratuitamente e com muito carinho por um membro da Falt que também conhecia web design. Hoje temos o nosso endereço virtual.[31]

Já somos mais de cem membros, espalhados em várias cidades: São Paulo (capital e várias cidades do interior, inclusive Campinas, Limeira – a nossa cidade, minha e de Fulvia –, Presidente Prudente), Rio de Janeiro, Porto Alegre, Vitória (ES), Florianópolis, Curitiba, Brasília, Campo Grande, Salvador, e temos também uma associada internacional, a nossa querida Klara, de Buenos Aires.

Temos mantido uma boa média de mensagens diárias, e nossos encontros têm sido, quando possíveis, regionais. O sonho de fazer um encontro reunindo todo mundo, inclusive os filh@s, ainda teima em minha cabeça. Tudo isso a gente faz com muito amor. Sem tempo nem verba, mas com amor sobrando. Tudo porque "qualquer maneira de amor vale a pena", como disse Milton Nascimento.

"REFÚGIO"[32]

G. (52 ANOS, TRADUTORA) E T. (49 ANOS, PROFISSIONAL DE MARCHETARIA)

O amor como refúgio

Moramos numa chácara chamada Refúgio, numa pequena cidade do interior de São Paulo. Nossa casa é grande e muito gostosa, em meio a um enorme gramado e cercada por um ribeirão. Temos horta e pomar. Estamos juntas há oito anos e criamos duas crianças, um menino de 4 anos e uma garotinha de 2. Vim de um casamento de 23 anos com outra mulher. Criei os dois filhos dela e juntas adotamos mais cinco crianças. T. saiu de um casamento convencional de 16 anos, com uma filha.

Conhecemo-nos num centro espírita em São Paulo. Eu estava no processo da separação, coisa sempre dolorosa, especialmente quando se tem filhos, e queria desesperadamente uma amiga. Minha mulher hoje brinca dizendo que armei um laço para ela, mas não é verdade. Ela era uma distinta senhora casada, frequentadora do centro onde eu jamais tinha aberto a ninguém a minha vida, embora já o frequentasse assiduamente havia dez anos. Não sabia por que aquela mulher me parecia uma amiga tão adequada. Na verdade, tinha tanto medo de que após saber a verdade ela passasse a me desprezar que usei do subterfúgio de contar a uma amiga comum, outra frequentadora do centro, na esperança de que ela lhe contasse sobre a minha vida (ou o que tinha restado dela).

Naqueles meses anteriores ao dia que assinalamos como nosso aniversário de casamento, nos encontrávamos no centro todas as semanas, num dia que eu passara a aguardar ansiosamente sem entender muito bem por quê. Ela era uma fumante inveterada e eu odeio cigarro. Nunca tinha me interessado em fazer amizade com fumantes, mas curiosamente nela isso não me incomodava. Querer estar com ela e ouvi-la era mais forte. T. tinha um apelido no centro: a senhora bom senso – que ela perdeu completamente naquela quarta-feira após ter sabido, no domingo, por um telefonema da tal amiga (bendita seja!), a minha história.

Naquela quarta-feira inesquecível, T. foi ao centro, ansiosa por me dizer que conhecer minha história em nada alterava nossa relação. Mas, no tumulto dessa ansiedade, toda sua vida começou a se desconstruir sem que ela o pudesse evitar ou controlar. A adolescente que se apaixonara por outra 25 anos antes, cuja relação tumultuada não conseguira governar pelo medo da desaprovação da família e da sociedade, que fugira para o exterior na tentativa de escapar ao espectro de sua homossexualidade exposta pelo primeiro grande amor, que voltara ao Brasil após dois anos pronta para assumir afinal esse amor somente para descobrir que o perdera, e que no choque que se seguiu fechara de vez as portas daquele armário entreaberto, que quatro anos depois de volta ao Brasil deixara lhe colocarem no dedo da mão direita a aliança de compromisso, aprovada por todos, por um homem, o bem-sucedido, o unanimemente aprovado. Que, alguns anos depois, no desespero de encontrar sentido para a vida teve uma filha, primeira neta da família, mais um sinal de que ela não era, não podia ser...

Tudo isso desmoronando enquanto ela dirigia, febril, seu carro através daquela noite de quarta-feira. Quando finalmente ela o estacionou, desceu e nos encontramos na calçada em frente do centro, quando nos fundimos num abraço longo demais para duas amigas, quando ela se recusou a soltar minha mão mesmo quando eu, preocupada, adverti-a de que possivelmente estaria sendo observada... e com estranheza pelos demais, enquanto desmoronava tudo ali na minha frente em meio aos escombros, à poeira, ao entulho de duas vidas que ali findavam, campainhas começaram a soar. Compreendi o que eu buscava nela afinal. Toda dor de um longo casamento infeliz diluiu-se como por encanto. Ela era a alma da minha alma. Juntas viramos a página em nossas vidas.

Tudo isso é bonito, é poético... mas foi mesmo uma barra. A família dela não aceitou. De jeito nenhum. Como poderia? O retrato de casamento dela enfeitava ainda a parede da sala deles, a única dentre cinco filhos legalmente casada, mãe de uma bela menina, esposa do genro ideal. Primeiro foi o anúncio do divórcio, depois o anúncio da homossexualidade – que anúncio não foi, pois todos desconfiavam e minha sogra praticamente arrancou de mim a confissão. Tentei explicar a ela à luz dos conhecimentos espíritas que ela esposava (não à toa tantos homossexuais encontram guarida na consoladora doutrina), mas não consegui. Eu era a lésbica que desencaminhara sua filha.

T. passou por uma metamorfose: antes eu diria, trocou de pele. Lembro-me da primeira vez que a fiz entrar numa loja de roupas masculinas. Relutância, terror. Hoje ela não compra em outro lugar. Passeia com desenvoltura pela seção masculina das lojas e escolhe o que quer, e o que lhe cai muito bem por sinal. Sua tranquila e suave masculinidade, do tipo protetor e cavalheiro, é um arrasa-quarteirão: não sobra mulher indiferente mesmo que esta se diga heterossexual (eu também me considerava assim antes de conhecer a ex). Mudamos para a chácara, entre outras coisas para que ela pudesse, afinal, ter sua própria marcenaria. É uma artista da marchetaria. Mas, para a família dela, a lésbica sou eu.

O pai passou anos sem lhe dirigir a palavra. Este ano, finalmente, ele, passado dos 80, atravessou grave enfermidade e capitulou. Mandou chamá-la e ela foi. A partir daí passou a aceitar as crianças que adotamos por netos, tipo "Vem com o vovô", coisas assim. Mas T. leva as crianças lá sozinha. Eu não sou convidada.

A esperança de um Natal em família

Achamos que este ano, finalmente, seríamos convidadas para o Natal. Todo ano passamos o Natal sozinhas, e agora sozinhas com as crianças. Natal para a família da T. é uma ocasião muitíssimo importante. Tem a ceia supercaprichada, tem o Papai Noel com seu saco de presentes. As crianças esperam ansiosas por ele, mas as nossas ainda não adquiriram esse direito. Porque teriam que passar o Natal sem a mamãe.

Este ano tentei animar as coisas aqui e a T. também. Ela comprou maravilhosos brinquedos pras crianças, enfeitamos o pinheirinho. Mandamos os pequenos pra cama cedo, ansiosos para descobrir o que Papai Noel lhes traria na manhã seguinte. Tentamos fazer um almoço de Natal, mas os olhos da T. nadaram em lágrimas não derramadas o dia inteiro até que de tarde eu não aguentei. Larguei tudo na cozinha, arranquei o avental e fui correndo chorar no quarto. Quando ela chegou lá preocupada, destampei o jarro de veneno contra os abomináveis egoístas (e outros adjetivos impublicáveis) que eram os pais e a filha dela (que desde o começo baldeou pro lado deles, passa o Natal com eles e não fala comigo). Xinguei, falei coisas duras. Precisava dizê-las, se não dissesse acho que morreria sufocada.

Tenho uma biblioteca sobre o holocausto judeu na Segunda Guerra Mundial. Sou filha de palestinos, gozado, mas discriminação, perseguição mexe comigo. Por quê? Costumo dizer que os homossexuais são os judeus de hoje. Evito falar disso a qualquer pessoa que não seja homossexual porque os "normais" parecem não compreender. Dizem que exagero. Mas sou eu quem vive o preconceito. Sei o que estou dizendo. Só pelo caso do Natal já se vê. A T. contou que o pai falou que foi muito bom termos adotado as crianças, apesar de que "a situação não era a ideal". O que ele quis dizer com isso é que foi bom não deixar duas crianças sem lar, duas crianças que nasceram marcadas pelo HIV (o menino negativou, ele não tem mais; a menina, sim, tem), apesar de terem sido adotadas por duas lésbicas. O que ele queria? Ele fala com a filha agora, mas não me recebe. E a filha dele é que é o homem da casa por aqui. Falando a língua do preconceito, ela é mais lésbica que eu! Então por que me desprezar? Por acaso não sou uma pessoa também, não sou filha de alguém? Recordo um trecho que T. escreveu para mim. Nele ela fala sobre sua infância mostrando que já nasceu assim. Que tentou ser "normal" a vida inteira, mas só conseguiu ser muito infeliz e desejar a morte, o que ela quase conseguiu uma vez. Mas os pais dela não sabem disso. Não sabem que num dia horrível quase perderam a filha deles.

Os filhos queridos que Deus lhes mandou

Eu e minha filha caçula temos exatamente cinquenta anos de diferença de idade. Ela tem 2 aninhos. Nasceu numa calçada, à noite, filha de mãe viciada em cocaína de quem herdou o HIV e uma pequena lesão cerebral. Não fala nem anda ainda. O garoto tem 4 anos e é loirinho, também filho de mãe usuária de drogas, mas HIV negativo e muito inteligente. Junto com T., formamos uma família muito terna e amorosa. Gostamos dos momentos em que ficamos juntos e estamos sempre ávidos por criar esses momentos. Somos o tipo religioso que reza antes das refeições e faz o que os espíritas chamam de Evangelho no Lar todas as noites com as crianças, antes de dormir. Não fôssemos duas mulheres...

Depois de quatro anos de casamento com T., decidi que queria ter um filho de novo. Um filho para ficar comigo, porque os outros tinham escolhido ficar com a ex. Primeiro, com 47 anos, resolvi que desta vez queria ficar grávida. Então fui pesquisar. Até achei um site na internet que vendia sêmen, mas era meio complicado. Então fui procurar uma clínica particular em São Paulo. Depois um amigo doou sêmen pra nós. Fiz três inseminações que não deram certo.

Voltando à história da discriminação, onde eu exagero, dizem, existem serviços gratuitos – no Hospital das Clínicas, por exemplo –

para casais heterossexuais que não podem gerar. Um casal de mulheres tem a mesma impossibilidade. Mas os serviços públicos só atendem casais formados de homem com mulher. Mesmo que não sejam legalmente casados. Então tivemos que pagar tudo. Um mililitro de sêmen nos custou R$ 1.500 na época!!!! E gente por aí jogando fora!!! Após mais algumas tentativas frustradas, partimos para a adoção.

Apesar de todo o amor que legitima nosso casamento, consta em todo o processo das adoções que sou solteira. Detenho o pátrio poder, apesar de as crianças serem igualmente filhas de T., que sente pavor ao pensar que eu possa falecer e ela não possa ficar legalmente com elas. Na escola do nosso garoto, T. é a "tia" que leva, busca, paga a mensalidade, mas sou eu quem recebe as homenagens no Dia das Mães. Uma vez, quando T. foi buscá-lo na escola, uma coleguinha falou: "Sua mãe chegou". Ele respondeu: "Não é a minha mãe". A coleguinha então perguntou quem era e ele disse: "É a T." O que satisfez plenamente a outra criança. Mas no mundo dos adultos a coisa é muito diferente. Por isso vivemos aqui e colocamos o nome de Refúgio em nossa chácara.

MULHER LÉSBICA COM DEFICIÊNCIA[33]

PRISCILA (55 ANOS, MUSEÓLOGA)

Vencendo desafios

Quando me pediram que escrevesse um depoimento sobre como é ser mulher lésbica com deficiência, a ideia me pareceu ao mesmo tempo assustadora e incrivelmente atraente. E me pus a relembrar de situações vividas ou percebidas, veladas ou não, vindas ora de uma vivência, ora de outra. Sou portadora de mielomeningocele congênita. Já a consciência da minha condição homossexual só se deu mais tarde, entre meus 10 e 12 anos.

Mas antes que você, leitor(a), comece a pensar que vai começar aquele papo vitimista, "coitadinha de mim, lésbica e cadeirante (amputada)", um aviso: essa, DECIDIDAMENTE, não sou eu. E nem será essa a tônica deste depoimento.

Comecei a frequentar a noite LGBT carioca em 1984. E, a partir de então, conto nos dedos de uma mão as ocasiões em que cruzei com alguma mulher com deficiência, sozinha ou acompanhada. E por "noite LGBT" não me refiro às boates, danceterias locais com muita gente e música alta. Falo de locais mais sossegados, como restaurantes e barzinhos, onde as pessoas vão para conversar, relaxar, namorar.

Como ativista do movimento LGBT e administradora, desde 1999, de um grupo de discussão na internet que reúne cerca de mil mulheres lésbicas ou bissexuais, volta e meia me questiono sobre os porquês da escassez de material sobre as lésbicas com deficiências, suas questões, especificidades e sua inserção na sociedade. Quem são essas mulheres? Onde estão? Como vivem? Trabalham? Estudam? Namoram? Estão em relacionamentos?

Dificuldades de acesso, aí incluídas as barreiras arquitetônicas e de comunicação, podem inviabilizar a participação da pessoa com deficiência nos diversos espaços urbanos. Mas não me parecem ser as mais importantes. Hoje, me preocupam muito mais as barreiras de atitude que, embora nem sempre tão evidentes quanto ausência de elevador, rampa, barras de apoio, sinalização em braille, entre outros, podem inviabilizar a tal da inclusão que as duas comunidades – a LGBT e a das pessoas com deficiência – tanto almejam.

O conceito que nossa sociedade tem hoje, tanto dos LGBT quanto das pessoas com deficiência, vem sendo plasmado por preconceitos incutidos e reforçados através dos tempos. A todo instante, e das formas mais variadas, somos informados de que não somos como as outras pessoas. E, portanto, não temos os mesmos direitos. E aí reside o grande desafio de todos nós, sem exceções.

Dentre todos os direitos que, em menor ou maior grau, são negados às pessoas com deficiência, o direito a viver sua sexualidade me parece ser um dos mais importantes. Quando se tem uma deficiência, é comum que nos vejam como pessoas quase assexuadas, não erotizadas. Reza o senso comum que não temos desejos nem tesão. Um decreto silencioso nos nega a sexualidade. Àqueles que, contrariando essa norma de "bom comportamento", insistem em praticá-la, outra regra é preconizada: procurem vivenciá-la no interior de relações estáveis, seguras, ao abrigo da roda-viva de encontros e desencontros a que estão sujeitos todos os demais mortais. Quantos de nós já não ouvimos que o melhor a fazer era nos ocupar com nossos tratamentos, cirurgias, curtirmos família e amigos, trabalhar (às vezes), mas que deveríamos deixar "certos assuntos pra lá"? Eu mesma já ouvi, mais de uma vez, que não tinha o direito de desejar encontrar alguém com quem viver uma relação afetivo-sexual!

E, acostumados a receber esse tipo de "mensagem", pode ser muito difícil nos enxergarmos como pessoas com direito ao erotismo, ao desejo e ao prazer sexual.

Resumindo: além de todas as barreiras que nós pessoas com deficiência devemos ultrapassar para nos integrar e produzir dentro da comunidade, ainda temos que aprender a lidar com uma sociedade que hipervaloriza o corpo e o prazer sexual, incentivando todos a buscar corpos eternamente jovens e perfeitos, em forma e desempenho, transformados em pré-requisitos para a tão necessária aceitação e inclusão. E quando nossa imagem não nos favorece, como fica?

Relacionamentos são um capítulo à parte. Todo começo é difícil, pois apresenta os desafios do desconhecido. E, se já não é fácil começar qualquer relacionamento, imagine com alguém que muitas vezes tem uma rotina de cuidados que nem passa pela cabeça da maioria das pessoas sem deficiência. E isso influi, sim. Sem falar na presença constante de muletas, cadeiras de rodas, órteses e próteses, andadores. E, convenhamos, nada disso ajuda a criar o que a sociedade considera ser uma imagem "sexy". Mas a realidade é que muitos de nós necessitamos desses acessórios no dia a dia.

Deserotizados e infantilizados, tornamo-nos "meias-pessoas". Reagir a essa tendência, nos esforçarmos por revertê-la, individual e coletivamente, me parece ser mais um dos grandes desafios a enfrentar com coragem e determinação. Felizmente, hoje, vejo pessoas com ou sem deficiência travando uma luta árdua para fugir desse modelo.

Mas, se para uma pessoa com deficiência vivenciar sua heterossexualidade já é uma conquista, o que dizer daquelas, como eu, cujo desejo se volta para pessoas do mesmo sexo ? Héteros ou não, com ou sem deficiência, é fato que o "estar-no-mundo" de homens e mulheres é diferente. Nossa sociedade propõe/espera/exige coisas bem distintas de homens e mulheres.

Como é ser lésbica portadora de deficiência? Como se dá a interação/aceitação de alguém com essas características na sociedade? E no interior dessas comunidades? Onde a aceitação/rejeição é maior? Para mim, lésbica, portadora de lesão medular congênita, cadeirante, amputada, o desafio maior, e que no meu caso precede o engajamento e a militância, implica dois momentos. O primeiro é a desconstrução do olhar "automático" que detecta "o que não é espelho", citando Caetano Veloso, e imediatamente o classifica como "diferente e inferior" e o rejeita. Aprendi a me ver como sou: uma mulher, uma cidadã, uma pessoa com defeitos e qualidades, alguém com direitos. Não aceito me ver com o olhar dos outros. O segundo momento é o da construção de um olhar novo, de autorreconhecimento, de aceitação e, sobretudo, autovalorização. Sem cumprir essas etapas, considero impossível pensar em qualquer forma de atuação política. Não que o engajamento seja pré-condição ou obrigação, mas é somente a "minha" resposta a um estado de coisas que não me satisfaz.

Nesse andar, chegamos a um ponto que considero muito importante: não é só "o lado de fora" que precisa ser repensado, reformulado. É importante fazer uma "faxina" interna, identificando conceitos (ou preconceitos) que agem como verdadeiros "pesos mortos" dentro de nós, impedindo que caminhemos em direção a uma vida mais livre, leve e plena. Venho trilhando esse caminho e com o auxílio da psicoterapia tento identificar e encarar meus demônios, conhecer sua atuação, por onde me fragilizam e, em muitos momentos, determinam minhas reações – e, geralmente, contra mim mesma. Sem esse movimento, acredito que seria difícil atuar numa perspectiva mais ampla, e levar a discussão de nossas próprias dificuldades de percepção e aceitação do "outro" para dentro dos movimentos de portadores de deficiência e LGBT. Unir as demandas comuns e encontrar caminhos para solucioná-las é o que venho me propondo a fazer.

Essas são minhas prioridades, hoje. Ambiciosas? Talvez. Mas vou em frente. Porque, como costumo dizer, eu nasci pra ser feliz!

PARTE II

DEPOIMENTOS ESPONTÂNEOS EM BUSCA DE AJUDA

ADOLESCENTES[34]

"MUITAS VEZES DESEJEI A MORTE"

ANA (16 ANOS, ESTUDANTE)

Amiga, eu estou em um período da minha vida em que sinto minhas emoções serem soterradas, e o pior é que não sei mais a quem recorrer. Sei da minha orientação sexual desde os meus 7, 8 anos, aproximadamente. No entanto, sempre fui uma garota feminina que nunca tinha gerado suspeitas na família. Mas o sofrimento que carrego desde a minha infância até agora, com 16 anos, não tem como quantificar.

Meu tempo de negação foi longo, demorou anos e anos. Nesse período, tentei me relacionar com homens, mas toda relação era frustrante pra mim. E as relações heterossexuais que tive acabaram solidificando essa imagem negativa de mim para minha família. O sentimento de culpa que sentia destruía minha autoestima e sentia que morria aos poucos, emocionalmente. Pelo fato de ter sido criada dentro de uma igreja evangélica, meu peso na consciência se intensificava mais. Me sentia rejeitada por Deus, me sentia um ser extremamente insignificante, anormal, amoral.

Muitas vezes desejei a morte.

A dificuldade de aceitação das pessoas evangélicas

Com o passar de alguns anos, me aceitei. Conheci a pessoa com a qual me relaciono hoje, e, por incrível que pareça, minha mãe continuava sem desconfiança alguma com relação a minha sexualidade.

Em muitas situações, observei sua reação perante casos de homossexualidade e foram todos de repulsão. Uma das melhores amigas da minha mãe descobriu recentemente que seu filho é gay, e constantemente minha mãe fazia comentários como: "Imagina o que é ter um filho gay? Que aberração!"; "Deus não aceita esse tipo de comportamento, vão perder a salvação". Quando escuto esse tipo de coisas, fico mais transtornada ainda. Eu não conseguia imaginar minha mãe me aceitando. Tinha muito medo da reação dela...

Mas estava chegando um momento em minha vida em que eu queria realmente conviver com minha namorada e, para isso, seria necessário assumir para meus familiares. Toda essa situação estava me levando a uma depressão cada vez maior. Já não conseguia mais me focar em minha vida profissional, tudo parecia perder o sentido. Não queria ver minha mãe sofrer, pois sofreria junto. E não sei se tenho suporte para aguentar mais essa barra em minha vida. Tudo parecia muito insolúvel pra mim. Ninguém escolhe ser contra os princípios morais de uma sociedade! Que ser humano gosta de sofrer? Eu preciso muito, muito, de ajuda.

Eu só queria que tudo ficasse bem com meus pais, eu os amo muito. Claro que agora, que eu falei com minha mãe na semana passada, tudo virá com um pouco mais de desconfiança da parte deles, mas eu já tenho tudo certo com a minha namorada, não faremos nada sem pensar. Ontem e hoje nós passamos várias horas conversando sobre isso, e nosso amor não será abalado por um susto dos outros. Nem comentei com ela, mas é claro que talvez demore pra termos tranquilidade pra nos vermos. Embora a distância só faça aumentar o que sentimos, e dê ainda mais vontade de esperar para nos vermos...

No outro dia, ouvi minha mãe conversar com meu pai. Eles desconfiam que ainda mantenho contato com minha namorada, ou que ainda estou tentando arranjar artifícios para vê-la escondido como antes... Tudo besteira, pois até hoje não a vi novamente, já faz um mês da última vez que nos vimos. Claro que nos falamos ainda por e-mail, telefone...

Há uma forma melhor de contar?

Ah, estava quase esquecendo de dizer... Eu me culpo, mas não é por ter falado com eles, concordo com você que foi o melhor, mas da forma como falei, pois poderia ser diferente. Claro, antes de falar eu não pensei em outro meio, pois não achei que seria tão ruim a forma que havia escolhido, mas a reação deles foi péssima e sinto que poderia ter sido mais tranquilo tudo... Só depois mesmo eu pensei em como tudo poderia ser menos tenso, menos ignorante, menos violento... Não apanhei, claro! A violência que digo é que qualquer conversa fica estranha, qualquer resposta ou comentário tem um tom de frieza...

Amiga, eu tive a ideia, escrevi e entreguei a carta pra minha mãe hoje de manhã. Ela leu. Ainda não sei que efeito causei, mas, segundo minha irmã, não exagerei em nada, nem escrevi nada com que minha mãe se sentisse provocada. Só para acrescentar, minha irmã tem 12 anos, soube que tem uma cunhada no começo do ano, e tem apoiado a mim e à minha namorada, de quem gostou muito.

Na semana passada, minha mãe fez um acordo com minha irmã para "protegê-la", por ela ser ainda "muito nova". Penso que minha mãe pensa assim: "Já que ela não a dedurou nunca, agora também não poderá ajudá-la". Mas isso não foi verdade, não aconteceu, ela continua me ajudando com opiniões. Não sei se influenciei a opinião da minha irmã, por ela me amar muito (irmãs não têm que ser unidas?). O que eu vejo é que ela é inteligente e que talvez já tenha mesmo uma opinião formada, pois, pra ela, eu sempre fui a irmã, e por isso o que vier de mim é para o bem (gostaria que meus pais tivessem a mesma postura que ela!).

Sobre você falar com a minha mãe, resolverei daqui a pouco, quando ela me levar para a escola. Com certeza ela tentará comentar algo durante o caminho... Por esse motivo vou mais cedo, assim posso ir à biblioteca te dizer se é necessário ligar ainda hoje pra ela. Obrigada.

Amiga, resolvi copiar a carta para você, pra ter uma visão de fora sobre cada aspecto:

BOM DIA!

Olá mamãe, resolvi escrever pois acho que não conseguiria falar direito... E assim também você pode ler à hora que quiser.

Estou tentando entender como está sendo difícil para vocês pensar no que lhes falei há uma semana, e percebo que talvez eu tenha escolhido a forma e palavras inadequadas de me expressar. Sinto que eu poderia ter pensado um pouco mais e ido com mais calma.

Até agora, não comentamos sobre isso de novo, mãe, e eu imagino que também seja difícil para vocês tocar em um assunto tão delicado. Gostaria de saber se já pensou no que fazer com as informações que eu te dei sobre a minha namorada, mamãe... Está pensando em ligar pra casa dela? Apesar de talvez estar com vontade de tirar satisfação, ou de desabafar o que está sentindo com quem "causou" tudo isso, mamãe, gostaria que você considerasse que já está sendo bastante difícil do lado de cá, e que são desconhecidas as reações que podemos ter do outro lado... Apenas sei que com isso tudo estamos mal, sofrendo, como filha, como mãe, por não estarmos nos entendendo. Eu adoraria que nossa relação estivesse melhor, nas circunstâncias em que estamos. E para mim, está sendo muito difícil, pois olho para você e para o pai e vejo as pessoas mais importantes da minha vida, em todos os sentidos, sofrendo. Eu preciso de vocês.

Não gosto de vê-los tristes, mas existem coisas que não podemos escolher. Vocês me tiveram, eu cresci, e não escolhi a forma como gostar das pessoas. Apesar de ter como comum por aí o nome "opção sexual", estudiosos dizem que o correto é "orientação". Isso faz toda a diferença, principalmente para pessoas que já nasceram com algo diferente dentro de si.

Vocês são especiais para mim. Nunca faria nada para magoá-los. Ninguém é culpado, não tem como ser. Acontece. O que eu menti e omiti antes não foi por mal, eu só o fiz por não ter coragem de apresentar o que eu sentia, tive muito medo. Não me tornei sem-vergonha agora, só achei que já era hora de compartilhar...

Por favor, de todo o coração, não ligue para a casa da minha namorada. Se tivermos mais coisas a conversar, eu prefiro que passemos o tempo, então, conversando. Pelo menos agora, mamãe, tente pensar com calma no que te peço. Se houver algo que ainda precise ser dito, diga para mim. Eu te amo tanto, e entendo como é difícil... Tão difícil que não toquei mais no assunto com você, somente agora. Eu estava criando coragem...

Outra vez você disse que sabia que iria me perder mamãe... Mas é de partir o coração ouvir isso, sendo que nunca pensei em algo parecido, é um absurdo para mim. Nunca deixarei de amar vocês, independente das circunstâncias... Eu não quero me afastar de vocês, isso não me passa pela cabeça... Achei que conversando (ou escrevendo) estou me aproximando, na melhor das intenções. O que peço é compreensão. Não sei viver sem vocês.

Em casa, busco segurança... A vida parece complicada lá fora, mas com apoio emocional da família, todo ser humano consegue. Nada importa se souber que dentro da minha casa está tudo bem.

AMO VOCÊS...

[desenho de um coração bem grande, com tinta vermelha]

Tudo que quero é estar em harmonia com meus pais, e comigo. Tenha um bom dia, mamãe.

(Eu desenhei mesmo um coração, amiga, achei bem maternal.)

O esforço desmedido para agradar a mãe

Então, amiga, como me saí? Escrevi isso hoje de manhã, acordei mais cedo para isso. Ontem resolvi dormir, pois estava cansada e havia perdido a inspiração para escrever.

Eu não peço pra você ligar pra minha mãe porque agora à noite é que a minha avó está aqui até a hora de eu chegar do colégio e ela não tem nada a ver com isso... Como fazer?

Bom, só para adiantar, quando você for ligar, pode falar que é você mesma, mas você é uma ex-professora minha, e que, apesar de eu ter estudado lá apenas um ano (a 5ª série, em 2003), que nós continuamos o contato por e-mail e/ou de vez em quando MSN. Pode falar que eu confio muito em você, que somos realmente amigas, e que você está vendo a situação se complicando e resolveu ligar. Você tem acompanhado mais ou menos pelo que eu tenho contado, e você resolveu dar seu apoio de mãe a ela.

Aí, conforme vocês forem conversando, eu espero que tudo se encaminhe bem, que ela não fique desconfiada de ser a mãe da minha namorada ou algo do tipo. Acho que pelo menos da primeira vez, talvez seja meio perigoso você falar seu nome... Digo isso pelo fato de ela talvez ficar brava comigo depois, por eu ter feito alguém de fora interferir. Mas quem sabe na segunda vez que vocês se falarem (ou quando você perceber que conseguiu explorar algo bom ao conversar com ela)... Logo após vocês se falarem pela primeira vez, eu precisarei ver com quem ela comentará primeiro, e a reação dela comigo.

Este está parecendo os e-mails que mando para a minha namorada, com textos anexos e outras coisas do dia a dia... Inclusive, contei a ela sobre ter encontrado a sua ajuda, mas só contei hoje, para ela não ficar em mais expectativa do que já está, tadinha. Ela deve estar sofrendo muito mais do que eu, pois de lá ela não pode fazer nada. E desde que passei o telefone dela para a minha mãe, os pais dela retiraram grande parte do apoio que davam, e isso era quase impossível de acontecer, pois eles já haviam me aceitado desde novembro, e me viam como perfeita para a filha deles...

Eu irei me arrumar agora para ir estudar novamente. Acho que antes da aula ou no intervalo te mando alguma coisa, isso dependerá da hora que eu chegar lá na escola.

Ah, amiga, fiquei tão desapontada agora... Minha mãe sabe que ficará sozinha comigo no carro, daqui a pouco. Então agora mesmo eu a ouvi manipulando a opinião da minha avó sobre o assunto... Eu não queria envolver minha avó!

Não ouvi a conversa, apenas ela falando "que mulher que opta por esse tipo de coisa fica afastada dos outros, fica isolada, não pode conviver em família". A família à qual ela se refere não é apenas pai e mãe, mas sim tios, tias, primos, primas, avós... Minha avó teve apenas a minha mãe, ou seja, só tem duas netas. Se minha mãe começar a colocar essas coisas na cabeça dela... Não que já não estejam lá, claro, mas assim tão recente... Ela não ficará contra mim, sei disso, mas ficará, sim, muito triste, talvez até depressiva (ela tem essa tendência). E não duvido que logo minha mãe usará de chantagem emocional comigo nesse ponto, dizendo que devo pensar no que acabarei fazendo com a minha avó, que é a única que tenho aqui perto... O marido dela morreu quando minha mãe tinha 13 anos, e meus outros avós (por parte de pai) moram longe... Eu simplesmente não acredito, amiga, que minha mãe fará isso comigo!

Se ela disser mesmo algo desse tipo, pretendo falar o seguinte: "Mãe, escrevi na carta *apoio*, não *chantagem emocional*". Ai, ai, ai...

"MINHA MÃE DIZ QUE PREFERIA QUE EU MORRESSE"

FRANCISCA (16 ANOS, ESTUDANTE)

Descobri que sou homossexual aos 14 anos. Tive certeza aos 15. Na verdade, desde pequena eu me achava diferente de muitas crianças e sofria bastante com isso. Minha mãe descobriu a primeira vez que eu fiquei com uma menina. Me bateu muito, me xingou e disse palavras horríveis. Mas não parei, pois sei que realmente gosto.

Hoje, namoro uma menina de 20 anos. Faz um ano e um mês. É tudo escondido, sofro muito. Como sempre, minha mãe descobre e me fala muitas coisas que me deixam triste. Minha mãe diz que preferia que eu morresse. Me ameaça, faz muitas coisas. Já não sei mais o que fazer. Ameaça processar minha namorada. Diz que vai mandar matá-la. É muito triste.

Já tentei até o suicídio duas vezes. Só de falar sobre isso, estou chorando. Eu li a manchete de vocês – "ONG ajuda pais a aceitarem filhos gays" – e achei muito interessante. E até tive inveja. Queria ter uma mãe dessas que me apoiasse. Ela não me deixa sair, não confia em mim. Eu namoro com um cara, um namoro de fachada, só pra ela pensar que eu parei, porque não aguento mais sofrer com isso. Por favor, me ajudem, estou desesperada!

Como as mães acabam perdendo suas filhas

Guardo muita mágoa. Sonho muito com a minha mãe me aceitando. Queria muito a ajuda de vocês. Quando li o seu artigo, Edith, até salvei, estou pensando em mostrar para ela. O que você me aconselha a fazer? Mostro ou deixo isso de lado? Eu estou desesperada, já não sei mais o que fazer.

Moro com minha mãe, meu pai e minha irmã. Minha irmã inventa mentiras pra minha mãe... Ela diz que eu estou com a minha namorada ainda, pois minha mãe acha que parei com isso. Aí, minha mãe briga muito comigo. Meu pai não sabe, pois ele é muito nervoso.

Minha mãe trabalha com meu pai. Gosta de ir pra fazenda. E sempre me faz levar meu namorado. Fica forçando tudo. É muito ruim estar com uma pessoa de quem você tem nojo, só pra agradar a sua mãe... Isso é muito triste! Muito, muito, muito...

Minha mãe é católica. Estranho, eu sempre achei que minha mãe me aceitaria. Ela era uma supermãe.Tudo de bom que eu sentia por ela foi acabando, por ela não me aceitar. Hoje, eu guardo muita mágoa, só sobrou mágoa.

"MINHA MÃE ACHA QUE É MODISMO"

LAÍS (14 ANOS, ESTUDANTE)

Moramos aqui na capital mesmo. Minha mãe trabalha fora. Tenho irmãos por parte de pai, apenas, mas não tenho mais contato com eles por causa de uma decisão minha. Sou filha única praticamente!

Minhas tias (são três) não se casaram, então moramos todas em uma casa. Uma delas é enfermeira, trabalha à noite. Minha mãe é muito religiosa, frequenta a igreja católica, passa o maior tempo por lá quando não está trabalhando. Dava aulas de catequese de primeira comunhão, agora dá de crisma... Pra falar a verdade, eu nem sei qual seria a reação dela se você ligasse pra ela, tenho até medo, acredita?! Seria legal você ligar num dia que eu não esteja em casa e pedir para que ela vá num lugar reservado da casa, porque senão minhas tias vão ficar todas em cima, sabe? Não sei como você trabalha, tipo, para não assustá-la... Eu acho que você é experiente nisso, acho que deve saber como são essas coisas.

Fase, modismo

Ah, deixa eu já dizer: minha mãe acha ainda que é modismo, que pode ser fase por eu ter apenas 14 anos, mas poxa, quem deve saber dessas coisas sou eu. E, amiga, eu falo do fundo do meu coração, gostaria que tudo isso fosse uma fase mesmo, fosse o tal modismo, mas não é... É muito complicado! Agradeço por tudo desde já, só o simples fato de você ter me respondido foi um motivo maior para que eu não me desanime mesmo.

O sofrimento de se fingir heterossexual

Não sei como falar... Tudo começou há dois anos, quando fiquei pela primeira vez com menina. Sempre tive vontade, curiosidade. Com 11 anos comecei a namorar um menino de 15, ou seja, sempre precoce. Minha família sabia e apoiava, ele vinha na minha casa, passávamos o dia inteiro juntos, mas eu tinha uma amiga que era... E o meu interesse por ela sempre aumentava. Depois de um ano e meio terminei com ele, e depois de um mês fiquei com a primeira menina – não foi a minha amiga, mas foi legal. O tempo foi passando, passando, e minha vontade de ficar com mulheres aumentava, e a de ficar com homens diminuía, até que depois de sete meses em cima do muro a mãe da garota que eu namorava descobriu e contou pra minha mãe.

Na época foi um choque, me levaram em psicóloga, mas de nada adiantou. Minha vida se tornou um inferno, não podia sair mais, perdi minha privacidade em tudo, tudo! Até que resolvi fingir ser heterossexual novamente. Trazia meus amigos, falava que ficava com eles, mas nunca rolou nada desde que decidi que queria isso realmente. Eles sempre me respeitaram. Só que, na última segunda-feira, minha mãe veio conversar comigo novamente e pronto! Minha vida acabou tudo novamente, está sendo um sufoco...

Eu queria um apoio de vocês, já que minha mãe não entende nada como funciona e ainda acha que isso é modismo, mas poxa, posso garantir que não é! Eu queria ser igual a todos, não pedi pra ser assim, mas, quando tentava ser heterossexual, parecia que estava violando meu corpo, é uma sensação horrível que não sei explicar. Peço-lhe que vocês me ajudem. Qualquer ajuda, qualquer uma já bastaria! Agradeço desde já.

Palavras que magoam

Ela soube de mim há quase dois anos. Daí foi horrível, ouvi muitas coisas que até hoje estão marcadas pra sempre em mim – por exemplo, que preferiam que eu tivesse engravidado e pegado Aids! Aqui em casa o pessoal não tem limites na língua! Daí, depois disso, minha vida virou um inferno! Conversando com alguns amigos, eles deram a ideia de fingir e voltar a ser hétero. Assim fiz, mas tipo, o máximo que ela me via era abraçada com algum amigo e era fingimento, é lógico.

Por mais nova que eu seja, felizmente ou infelizmente, sei o que quero e do que gosto e tenho certeza de que homem não é! Há-há-há! Mas, enfim, em novembro, numa sexta-feira, ia ter aniversário de uma amiga minha que tem o maior estilo masculino. Minha mãe já viu por foto (se não me engano), mas não a viu pessoalmente. Pedi pra ir e ela não deixou. Fui mesmo assim, direto da escola, e cheguei de noite em casa supertarde. Daí ela foi juntando os cacos, com certeza ela sabia, não era normal minha relação com os meninos, não ficava de grude, essas coisas. Acabei dizendo que gostava de meninas e nunca parei de gostar, que tudo aquilo tinha sido uma mentira... Por que ela prefere ser a boba da história em vez de saber a verdade? Agora o inferno começou novamente.

A importância da aceitação das mães

Desculpe já te amolar... E aí? Novidades? Minha mãe te respondeu o e-mail? Sim? Checar os e-mails, eu tenho certeza que ela checou, pois ela olha sempre e eu pedi para ela ler com atenção o seu, não entrei em muitos detalhes e saí... Quando eu cheguei, ela estava normal, ou melhor, até mais legal comigo... Mas não falou nada a respeito e eu estou aqui morrendo de curiosidade! Eu agradeço, amiga, mas o que me preocupa é isso, a falta de interesse, quem sabe, não sei... Enfim... Como você disse, foi plantada a semente e agora vai depender dela, coisa que me deixa mais preocupada ainda! Porque eu já tentei de tudo, já faz dois anos essa luta... Você é minha última alternativa.

Realmente seria ótimo eu conversar, falar de você pra ela, mas como eu falo? Ou você fala, liga pra ela, ou sei lá? Bom, eu confio plenamente em você. Mesmo ela não te respondendo os e-mails, tenho certeza que a mudança de muitas atitudes dela foi por conta do que você escreveu!

A necessidade de demonstrar qualidades positivas

Viajamos e nessa viagem eu mostrei o quanto sou responsável, entende?! Muitas vezes até mais do que minha mãe... Ela reencontrou amigos da adolescência e todos diziam a mesma coisa: "Sua filha tem uma ótima educação e é muito madura pra idade dela!" Ninguém acreditava que eu era a bebezinha que eles conheceram quando nasci. [risos]

Enfim, diretamente ou indiretamente, ela foi meio "irresponsável", tipo, me deixou com uma amiga dela que tinha bebido todas e ficou com um amor antigo. Eu poderia ter ido pra casa de uma amiga minha lá, qualquer coisa que uma adolescente faria, mas mantive a cabeça no lugar e ainda tive que esperá-la na rua, enfim... Deu um certo rolo e com isso percebi que ela criou confiança em mim. Ela me observava enquanto eu falava sobre meus objetivos profissionais para os amigos dela... Foi bem legal... Acho que ela percebeu que não existe uma criança aqui e que sei o que eu quero. O segundo passo é levá-la até aí! Quero que ela te conheça, que participe das reuniões... [risos]

Mães que espionam, invadem a privacidade

Bom, eu ainda não perguntei à minha mãe sobre a sua mensagem, pois não sei como falar... Tentei, mas não saiu ainda! Ela está meio esquisita, na verdade eu nem sei por quê... De duas, uma: talvez seja por recados no Orkut que estou recebendo de uma amiga que é homossexual e ela com certeza leu porque tem Orkut, vive olhando o meu e eu não apago, não, pois não tem nada de mais... ou é porque fui ao centro espírita duas vezes seguidas. Eu te disse que sou espírita e ela é católica, né?! Pois então, agora ela está na reunião da igreja, deve chegar às 17 horas, nada certo. Do mesmo jeito que ontem ela não me deu boa noite. Hoje, ela nem olhou também, mas passei a não ligar pra isso. Amanhã de noite também tem reunião da igreja, então ela chega do serviço, se arruma e vai direto. Daí você pode ligar hoje de noite ou de terça em diante. Ah, outra observação, na quarta também é dia de missa. [risos]

"Ser uma fase": esperança que ajuda as mães e desespera as filhas

Desculpa por estar mais uma vez aqui! Ontem tive uma conversa com minha mãe, pois ela está tentando me proibir as coisas, como foi feito antes... Só que, putz, hoje vejo que isso é puro preconceito, sabe?! Não consigo me conformar... Na conversa, teve muitos choros (da minha parte), gritos, da parte dela, e, como sempre, ironia. Ela me disse que no e-mail que você mandou pra ela, você tinha dito que poderia ser modismo e tal... Nossa, pra ela, aquilo foi tudo! Meu, sinceramente?! Só eu sei o que se passa dentro de mim, odeio falar as coisas e as pessoas não acreditarem, sabe?! Enfim, eu tenho certeza do que eu quero e isso deixei beeeeem claro pra ela. Ela acha que eu tive alguma decepção com meninos ou sei lá o quê... Mas mal sabe ela a verdade mesmo. Eu tento contar, mas ela não acredita. Enfim, pedi para que ela te respondesse, não sei se te respondeu, pois passou grande tempo aqui em frente do computador e eu saí do meu quarto para deixá-la mais à vontade também. É nessas brigas que tenho com ela que a vontade de sumir aparece, sabe?! É muito complicado. Mas então é isso.

As mães não são todas iguais?

Que sorte mesmo te escrever antes da sua viagem... O que acontece com a minha mãe é que sinto que ela tem um receio do que as pessoas vão pensar. Nossa família é conservadora, religiosa, como já te disse, e liga muuuito pra isso!

Não, tudo bem sobre a história da fase, eu te entendo sim. A Mi, minha amiga, já tinha comentado algumas coisas comigo, e me deu muita força! Sim, uma estratégia... Talvez fosse legal, mesmo, você escrever novamente pra ela... Sei lá... Bom, eu acredito em você, pois a cada depoimento que lia no seu site eu chorava cada vez mais e mais... Pelo que pude perceber, você é um anjo na vida de muitas pessoas! É... Eu parei de falar que todas as mães eram iguais a partir do momento que me assumi mesmo! Pois conheço uma série de pessoas e hoje em dia isso está beeeem mais comum e todos estão bem mais abertos, né? Algumas mães tomam aquele choque, mas depois passa. Outras, nem isso. E aquelas que são iguais à minha mãe, lutam até o fim!

Uma tentativa frustrada

Amiga, obrigada mesmo pela tentativa de falar com minha mãe. Agora posso ficar em paz porque tentei. Porém, acho que foi inválida, infelizmente. Quando ela desligou o telefone, ficou supermal-educada pra cima de mim, dizendo que não tinha gostado da ligação e ainda ficou me dando patadas, dizendo que não era mais pra ficar passando o número de casa pra essas coisas.

Eu ouvi como ela foi simpática com você. Porém, quando ela pegou uma caneta para anotar algo, ela disse: "Aí, meu Deus, quando isso vai acabar?! Odeio isso!" Eu comecei a chorar dizendo que, já que é assim, ela que me esqueça também, e quem preferiu tudo assim foi ela! Estou esperando um pouco a poeira baixar e algumas coisas passarem, mas estou pensando seriamente em dar um susto nela, em sair de casa por uns dias, refrescar a cabeça. Eu e algumas amigas estávamos pensando em ir pra praia... É algo que não acho legal – não queria que ela ficasse assustada achando que algo aconteceu comigo, mas, pô, eu sou uma ótima filha, nunca fiz merdas como a maioria dos meus amigos, que eu cresci junto, fazem, ela sabe que alguns usam drogas, mas não proíbe que eu ande com eles. Ela sabe que eu tenho cabeça. Mas, se chegar alguma menina meio estilo homem por aqui, mesmo eu falando que é só amizade ela não gosta. É ridículo esse preconceito dela. Obrigada, mas como eu disse, infelizmente foi inválido. O que me mata é que ela não sente o mínimo de interesse para me entender e ter a minha amizade. Ela não percebe que com isso eu crio mais raiva dela e que só está me afastando.

Os estereótipos

O que deixa minha mãe em dúvida sobre mim são coisas ridículas como não querer cortar o cabelo. Sei lá, eu não consigo explicar pra ela, sou superfeminina, adoro ser assim e ela vive dizendo que não entende como uma menina bonita, feminina, gosta de outra. Como eu vou explicar isso?! Não tem como!!! Ela queria saber mais detalhes da minha vida pessoal, mas poxa, tem coisas que não dá pra falar... Você me entende, né? Obrigada por cada palavra, amiga.

Militância

Bom dia, Edith. Faz algum tempo que não nos falamos. Acredita que deu saudades?! [risos] Enfim, vou tentar conversar com minha mãe para a próxima reunião. Quando, onde e que horas será?! Tem como me passar por e-mail?! Outra coisa que gostaria de pedir também: já faz algum tempo que escrevo uma série virtual, é como se fosse um livro mas com vários episódios, entende?! Conta histórias de homossexuais, um grupo de amigos que se descobrem. Alguns, os pais aceitam; outros não. E ainda aqueles que preferem guardar segredos. Conta a realidade, a difícil luta. O seriado entrou na segunda temporada em fevereiro. Na comunidade tem mais de 110 pessoas e está fazendo um grande sucesso. Como já disse, fala da realidade, então muitos acabam se identificando. A série, infelizmente, só podia ser lida pelo Orkut, pois lá temos uma comunidade e escrevo nos tópicos, mas agora conseguimos um web designer que está nos ajudando muito e fará um site para nós. Lá no site não terá somente a série, terá espaço para que as pessoas se abram e que conversem conosco.

Sei o quanto é difícil. Minha vontade mesmo era muitas vezes de sumir. Achava que era a infelicidade da família. Mas com o passar do tempo percebemos que o problema não está na gente e sim na sociedade, porque não fomos nós que pedimos pra ser assim. Então também queremos colocar o link do seu site (GPH) para uma divulgação, mas pra isso precisamos ter a sua autorização...

O baile dos 15 anos

Oi, querida Edith. As coisas não andam tão boas. Hoje é meu aniversário, faço 15 anos. [risos] Faz mais de quatro meses que me envolvi com a ex de uma ex de uma ex-namorada minha. Complicado, né?! [risos] O pedido de namoro chegou... Ela mora em outra cidade, mas vem pra cá frequentemente. Minha mãe tem Orkut e vive olhando o meu e automaticamente conhece ela. Não cheguei a dizer para ela que estou namorando a Carmen, mas dá pra perceber. Enfim, não quis festa tradicional, nunca gostei dessas coisas e como não tenho meu pai presente já tinha decidido desde pequena que não ia querer nada dessas coisas. Só que ele ligou pra perguntar pra minha mãe quanto ($$) eu quero ganhar, sendo que não conversamos faz um ano. Quanto, amiga? Quanto?! Só queria respeito, amor, compreensão e carinho dele, só.

Voltando ao assunto da Carmen (namorada), ela virá hoje. Não tem festa tradicional, não. Organizo eventos, já lhe disse?! Faço PVT (rave pequena que dura apenas doze horas virando a noite), adoro eletrônica, então nada melhor que fazer meu aniversário com esse estilo. [risos] Pois não disse pra minha mãe que a Carmen virá, tenho várias amigas que se chamam assim, na lista tinha o nome e sobrenome de cinco, uma delas é a minha namorada. Como estou?! Morrendo de medo da reação da minha mãe, de fazer escândalo, essas coisas, mas, poxa, é meu aniversário! Nunca tive um aniversário com pessoas que realmente fazem a diferença na minha vida depois que ela descobriu do que realmente a filha dela gosta, ou seja, há dois anos e meio. É muito complicado.

Obrigada por se lembrar de mim, fico muito agradecida e lhe peço que ore ou reze por mim, acho que hoje vou precisar.

◎

Nossa! Amiga, você escreveu pra ela? E ela te respondeu?! Ontem, no dia do meu aniversário, brigamos. Fui buscar a minha namorada, porém disse para minha mãe que ia pegar um CD na casa de um DJ amigo meu. Demorei duas horas para ir e voltar, minha namorada ia ficar na casa de um amigo "escondida" até a festa. Só que quando eu cheguei minha mãe sacou tudo. Fui atrás da minha tia mais velha; ela não aceita, mas tem voz firme com minha mãe e todos os outros irmãos... Eu tinha certeza de que, se eu conversasse com ela, mesmo não gostando, ela conversaria com a minha mãe. Assim fez. Minha mãe foi buscar eu e minha namorada perto de casa, ficou puta da vida comigo. Chegando em casa, ela pediu pra minha namorada ir para a área da festa e me chamou pra cozinha. Tive de ouvir que isso era falta de macho me pegar de jeito e outras coisas horrorosas e baixas que nunca pensei escutar de ninguém, muito menos da minha mãe!

Disse que acha um absurdo seu trabalho, Edith. Nem tenta mais, amiga. Te agradeço muito e já deixo aqui autorizado que, caso aconteça algo ruim comigo, você ou qualquer outra pessoa pode escrever algo referente a isso para ajudar outros pais e outras garotas como eu. Sim, estou pensando, sim, em fazer aquela besteira. Aliás, já deveria ter feito, não fiz porque comecei a frequentar o centro espírita e percebi o quanto nossa vida é importante. Fraqueza?! Pode até ser, amiga, mas chega uma hora que cansa. Coragem nunca me faltou, o que eu tinha (até demais) era esperança, coisa que não tenho mais, minha amiga.

Aparece uma luz no fim do túnel

Boa noite, amiga. O certo é não entrar na internet, sim, essa é a nova lei daqui de casa dada pela dona Maria (minha mãe). Não sei se ela respondeu seu e-mail, creio que não. Mas eu andei fuçando o histórico da parte dela aqui no computador, pra ver se ela andou olhando o Orkut da minha namorada, essas coisas, e vi que ela andou pesquisando no Google sobre você, sobre o seu trabalho. Quando vi, não acreditei, pois essa manhã saímos de casa brigadas porque ela viu uma foto minha e da Carmen (não tinha nada demais, apenas eu deitada no colo dela) e fez o maior escândalo querendo saber que dias costumamos nos encontrar, o local e blá-blá-blá. Eu saí batendo a porta, dizendo que não ia falar mais nada da minha vida pra ela e que ela não tinha o direito de mexer nas minhas coisas, muito menos na minha carteira, que é algo muito pessoal e começou o bate-boca. Assim, fui para o colégio sem falar uma só palavra. Calada permaneci!!! Eu queria me jogar na frente do primeiro carro que visse...

Mas o que me deixou até mais alegre essa tarde é que, quando ela chegou, simplesmente decretou paz! Não sei o que houve, não sei mesmo. Ela disse que está cansada de tudo isso, que se continuarmos assim nunca vamos viver bem e o fogo é aguentar essa situação no mesmo teto. Tá, Edith, minha mãe não aceitou, isso eu sei, estou beeeeeeeem consciente disso. Porém, talvez tenham sido os primeiros passos de uma futura vitória, por que não?! Minhas esperanças estavam afogadas tanto como as algas marinhas no Oceano Pacífico, e em fração de segundos uma luz apareceu me dando uma nova energia para continuar lutando. Besteira ou não, eu já tinha pegado os nomes dos remédios que eu consigo comprar sem bula e a quantidade certa para finalmente dar um fim em tudo, só faltava fazer a carta...

O plano era ir para o colégio, ligar pra minha namorada e dizer o quanto ela é importante e especial na minha vida, ir à casa do meu padrinho e da mulher dele, a minha tia, que me ajudam desde o primeiro momento, passar na farmácia, vir pra casa e finalmente acabar com essa dor! Mas, com esse gesto, com essa descoberta no histórico da pesquisa dela, os planos simplesmente mudaram!! Tenho certeza de que, por mais que ela diga que não gosta das suas palavras, elas entram em sua memória e tocam em seu coração como uma harpa de anjo, sim, pois você é um anjo, acredite! És uma das pessoas que seguem a missão mais linda desse mundo! Parabéns, querida amiga, obrigada por tudo.

"O PAI DELA ME AMEAÇOU DE MORTE"

Maria (17 anos, estudante)

Oi. Aconteceu uma coisa horrível! O pai da minha namorada enlouqueceu! Ele agrediu ela e me ameaçou de morte. Ele disse que, se ela fosse vista com "aquele sapatão", ele me daria dois tiros na cara... O pai dela me ameaçou de morte. Estou desesperada!

Eu tive notícias do meu amor só hoje de manhã, quando ela me ligou e disse que contou tudo pra mãe dela! Tudo que não era pra mãe saber, ela contou! Sobre o pai, ela me disse que ele nem sonhe em fazer alguma brutalidade comigo, que ela mesma o denunciará e contará tudo que ele já fez de brutalidade em casa pra que fique pra sempre preso.

A mãe dela disse que dentro da casa dela tem regras. Se ela quiser seguir as regras da família, pode continuar a dividir o mesmo teto, mas se não quiser, que vá viver sua vida, pois ela já é maior de idade e deve ter sua própria realidade e sua independência...

E o contato com o mundo é cortado

Minha namorada está indo pra cidade da avó, que fica a uma hora da minha cidade, para passar quinze dias sem contato nenhum comigo – mal por telefone, por cartão telefônico, pois os pais lhe tomaram o celular. Ela também está proibida de entrar na internet, de conversar com amigos, de estudar etc.

Como o pai dela me ameaçou de morte, não consegui dormir, com medo dessa situação que estou vivendo! Mas conversei com um amigo meu que é juiz. Ele disse que tem um amigo que vai me acompanhar nas minhas saídas, pra eu não correr riscos. Ele disse que, se algo acontecer, se ele me ameaçar novamente, eu o avisasse imediatamente. Tanto que ele queria prender o pai de Heidi, porque agredir a própria filha e ainda ameaçar a minha pessoa não é coisa que se faça e depois fique solto, não! Espero que essa situação passe logo, Espero contato com você. Obrigada. Desculpe meu desespero...

Vejo que, realmente, há pessoas que são assim... O que fazer? Apenas esperar a poeira abaixar. Ficou decidido entre mim e a minha namorada que ela vai alugar uma quitinete quando voltar da cidade vizinha e depois conseguir um emprego, ou na área de enfermagem, ou um outro emprego qualquer que possa dar dinheiro pra ela, mas que ela vai dar a volta por cima.

Desculpe preocupá-la! Espero a sua resposta. Beijos.

Apesar de tudo, ainda é pai

Opa, amiga. Você deu o meu e-mail para um advogado seu amigo, militante aqui na minha cidade. Ele me enviou uma resposta pra eu saber o que devemos fazer. Conversamos e ficou decidido entre a gente que não vamos fazer nada por enquanto... Heidi não quer, ela chora muito, afinal é o pai dela... Ficou decidido entre nós que não vamos fazer nada, mas se ele mexer com alguém novamente, aí, sim, vamos fazer um BO (boletim de ocorrência)!

Muito obrigada mesmo! Certo, estou necessitando muito de ajuda, nunca irei negar esse favor que você está me fazendo... Obrigada do fundo do coração!

Amiga, você não entendeu. Eu não sairia de casa para viver com ela, não! Eu disse que conversamos e decidimos que minha namorada deveria sair daquela casa, porque ali ela será muito infeliz e não teremos como levar nosso amor adiante! É isso que eu estou falando. Ela trabalharia, assim como eu também vou trabalhar depois que terminar o Ensino Médio. E aí nós vamos decidir o que fazer de modo correto!

Agradeço a vocês, com muito orgulho. Terei vocês do GPH, com muita honra, nas minhas orações. Beijos.

"CARLOS, MEU PAI"

CLARA (16 ANOS, ESTUDANTE)

Olá, Edith! Sou aquela que tá com um problemão, né? Tudo bem com você?

Parece que o nome do problemão é Carlos, meu pai. Hê-hê-hê... Meu relacionamento com ele anda bastante complicado. Não temos diálogos nem nada do tipo. Me parece que você não acha boa ideia eu e minha namorada viajarmos juntas por causa dele. Não vou dizer que não concordo, concordo sim, mas em parte. Sabe, Edith, meu pai sempre foi muito desconfiado, é uma pessoa nervosa, difícil de lidar... Acredito que ele tenha lá os problemas pessoais dele, mas ele não revela nada a ninguém! É um jeito dele mesmo... Ele não tem problemas com álcool nem nada do tipo. Ele se irrita com muita facilidade... Às vezes grita conosco como se pedisse a atenção de todos. Parece que ele procura motivos pra não estar bem com ele mesmo e com os outros. Ultimamente ele anda meio estranho, com um comportamento diferente.

Sempre fui uma boa menina, sabe? Hê-hê-hê-hê. Nunca dei maiores dores de cabeça a ele... Mas meu pai me trata com certo descaso, ao mesmo tempo que me prende muito, age como se fosse meu dono. Acredito que ele desconfie da minha homossexualidade. Ele tem muito medo que eu tenha qualquer tipo de relação com homossexuais, ou até mesmo com heterossexuais (homens)! Ele implica muito com as minhas amizades. Não que esteja tudo na cara, mas parece que pai e mãe sentem as coisas, não sei. Ele só se comporta assim comigo.

Minha irmã mais velha já é dona das ventas e o mais novo é homem. Sim, meu pai é muuuuito machista! Em outras palavras, sobrou pra mim. Se a minha namorada viajar pra cá mesmo, terei de tomar cuidado pra que ele não desconfie de nada, mas eu sempre tenho que tomar esse cuidado. É mesmo uma situação complicada... Deixo de fazer coisas que gosto de fazer e de ver muitas pessoas das quais também gosto, por causa dele. Se bato de frente com meu pai, quem sofre as consequências é minha mãe, que não merece MESMO passar por isso.

Enfrentando a mãe

Com a minha mãe já tenho um relacionamento bem melhor, somos amigas. Já contei pra ela que sou gay. No dia que contei foi tão terrível que eu até fui parar no hospital, inconsciente... Mas, depois desse dia, ela prefere fingir que nada aconteceu, que não sabe de nada. Mesmo assim, sempre que ela me pergunta: "Quando você vai arranjar um namorado, minha filha?" Eu respondo: "Não pergunte nada se sabe que vai ouvir o que não quer, mãe". Hê-hê-hê-hê. Aí ela faz aquela carinha de "eu não entendi" e fica triste, estranha. Confesso que me parte o coração, pois vejo que ela encara minha homossexualidade como um problema, e pior, que pode ser passageiro.

Problemas para viajar com a namorada

A falta que a minha namorada me faz é mesmo muito grande. Eu a amo muito! Só Deus sabe o quanto está sendo difícil pra mim ficar longe dela. Tenho consciência, e acredito que minha namorada também tenha, de que não vamos poder passar manhãs ou noites juntas, se ela vier... Eu vou ter hora pra sair e pra voltar. De preferência, devo estar aqui pra que meu pai não chegue antes de mim. Como você já deve saber, ainda sou menor de idade e tudo é consequência disso.

Não sei o que meu pai será capaz de fazer se um dia descobrir que sou gay, que estou apaixonada, que AMO uma mulher... E amo muito, viu? COMO AMO!!! Já namorei outras mulheres e nunca tive problemas com relação ao meu pai porque sempre segui o mesmo esquema de estar em casa antes dele! Hê-hê-hê.

Acho que é interessante que saiba também que a minha irmã mais velha me apoia muito. No começo ela estranhou, claro, mas com o passar do tempo as coisas mudaram, GRAÇAS A DEUS! Sempre conto tudo e sempre posso contar com ela. Pelo menos uma na família que está comigo, né? UUUFA!

A falta do amor do pai

Sofro bastante por causa do meu pai... Sinto falta do amor e carinho dele... Sinto não poder contar com ele quando preciso... Me dói que ele não mude mesmo pra que eu possa dizer tudo isso a ele. Às vezes é impossível não me sentir sozinha. Minha família já foi diferente. Há certas coisas sobre esse comportamento do meu pai que até tenho vergonha de dizer.

Bom... acho que é isso! Não quero que o meu Amor seja prejudicado de forma alguma. Sua opinião, sem dúvida, é de grande valor. Beijo grande e obrigada, desde já!

"SÓ O FATO DE ALGUÉM ME ESCUTAR..."

CAROLINA (17 ANOS, ESTUDANTE)

Boa noite. Eu estava passeando na internet e vi sua página... Pode não ser a solução para todos os meus problemas, mas eu gostaria de uma ajuda.

Tenho 17 anos, moro próximo de São Paulo. Me vi homossexual aos 15 anos, depois de ter experimentado namorar meninos, inclusive ter relações sexuais... Percebi que não era feliz e que aquilo não me satisfazia... Foi então que resolvi seguir meus instintos. Desde pequena eu sinto atração por mulheres e, assim, fui procurar minha felicidade. Eu te garanto que sou feliz por essa minha escolha, mas sou muito infeliz por causa da minha mãe.

Quando ela descobriu minha primeira namorada, fez um tal escândalo que tive de terminar. A segunda, ela me atazanou tanto a cabeça que acabei terminando também. A terceira, ela descobriu cartas de amor que a garota tinha escrito pra mim e minha vida virou um inferno!

Ela me deu surras brutais! Me agrediu fisicamente com violência, eu fiquei toda roxa, puxava meu cabelo... Depois disso, ela foi ao colégio onde estudo e fez um escândalo! Mandou chamar a mãe da minha namorada... Felizmente, a mãe dela não se incomodou, por apoiar a filha... Que sorte essa menina tem! Minha mãe ameaçou de me tirar do colégio pra que eu não visse mais a menina... Enfim, minha mãe tornou a minha vida um caos.

Depois, eu terminei com essa menina, porque descobri que não gostava mais dela. Agora, estou prosseguindo minha vida, mas minha mãe vive me chantageando, jogando "verdes", dizendo que mandou um detetive me seguir. Ela grampeou o telefone pra saber quem anda me ligando; não me deixa sair de casa no final de semana... Quando saio, ela fica me ligando pra controlar os meus passos... Eu tenho de te mandar o celular porque minha mãe controla o telefone aqui de casa e fica ouvindo tudo na extensão. Aliás, a vida dela, hoje em dia, é voltada apenas pra me controlar.

Se existir algum lugar em que eu possa encontrá-la, eu vou! Estou muito nervosa, Edith! Eu não aguento mais tanta pressão, estou desesperada! Não sei mais o que fazer. Queria muito uma ajuda!! Alguém pode me ajudar, por favor?

Conheci uma menina, gosto dela, mas tenho medo de expô-la a essa situação. Sei que minha mãe é capaz dos atos mais baixos e cruéis pra acabar de uma vez com a minha felicidade... Ela quer que eu "me conserte", porque diz que a homossexualidade é nojenta, que não é normal e sim um desvio. Ela vive tentando me jogar pra homens, qualquer um que seja, e diz que eu posso transar à vontade com eles. Mas com mulher ela não aceita.

Até te peço desculpas, mas vivo com tanto medo que não te mandei meu primeiro nome... Criei essa conta pra poder entrar em contato com vocês, espero que entenda... Meu verdadeiro nome é Carolina. Sei que alguém vai me ajudar. Vou esperar o seu contato ansiosamente. Obrigada!

◙

Edith, infelizmente eu acho que será impossível ir a esse encontro em São Paulo. Minha mãe jamais deixaria... Você não sabe o que eu passo. A situação ficaria horrível pra mim, se eu ousasse tocar nesse assunto com ela, ou se alguém falasse com ela sobre isso. A primeira ameaça dela é me tirar do colégio e eu não posso sair de forma alguma. Eu estou fazendo o pré-vestibular e preciso concluir o segundo grau. Além do mais, estou estudando para o vestibular...

◙

Edith, vocês poderão me ajudar, sim. Só o fato de alguém me escutar já é o suficiente. Realmente, minha mãe é uma pessoa muito difícil e chego a achar que ela tem algum distúrbio psicológico, pelas atitudes que ela toma. O ideal seria mesmo eu encontrar você pra conversar, vou ao seu encontro em qualquer lugar, preciso de alguém pra desabafar, falar um pouco sobre tantos problemas que tenho passado. Estou estudando muito este ano, quero passar no vestibular e sair de casa, porque minha vida com minha mãe está impraticável, não posso ter vida própria e nem posso amar em paz ninguém. É muito triste tudo isso.

E, o pior, Edith, é que ela tem consciência de que no ano que vem eu não morarei mais com ela. Hoje pela manhã me falou sobre isso... E também me disse que, se eu sair de casa, quer que eu esqueça que ela existe... Nada posso fazer. Quem vai perder é ela. Tenho muito valor, sou estudiosa, não tenho vícios, sou extremamente madura para a minha idade.

Ano que vem eu quero conhecer vocês aí em São Paulo. Este ano, infelizmente, não poderei porque preciso de autorização dela pra viajar e, com certeza, ela não me dará. Queria muito te conhecer, saber que tipo de mãe você é, saber das histórias, ouvir outras mães... Ao menos pra me confortar, sabe?

Fico por aqui te desejando um excelente final de semana. Grande beijo. Carolina.

ADULTAS

"MINHA MÃE TEM CIÚME"

JUSSARA (25 ANOS, UNIVERSITÁRIA)

Venho sofrendo muito com o preconceito da minha mãe. Ela não me bate e nem faz nada de desumano aos olhos da maioria. Mas só eu sei a dor que carrego por minha mãe não me aceitar, só eu sei o que é ter que escolher entre viver sem ela, minha mãe, ou ter uma vida dividida entre ela e o resto do meu mundo. Tenho um relacionamento estável e estamos crescendo como família, mas a minha mãe só quer pensar que eu sofro, que sou explorada pela minha companheira, tenta ignorar minha situação. Minha sogra é minha maior aliada, tem sido uma mãe, aquela que perdi desde o dia que escolhi ser feliz e não viver uma farsa (que é a preferência da minha mãe). Estamos comprando uma casa e o próximo passo será nosso filho. Não queria que minha mãe não curtisse o neto, ou que ele ignorasse que tem essa avó. Minha companheira não suporta mais ver meu sofrimento e acaba ficando com raiva da minha mãe. E nunca vai permitir que ela se aproxime do neto, desta forma, ignorando meu sofrimento e minha relação. Há tempos venho procurando este grupo para pedir ajuda para ela e para mim. Precisamos de ajuda urgente! Grata pela atenção.

Fiquei muito feliz com o seu contato e sua disposição de falar com minha mãe. Ela tem mais de 50 anos, mas é muito jovem, alegre, carismática, tem um forte espírito de liderança. Ela é espírita kardecista, meio umbandista. Acabou de concluir uma faculdade relacionada ao meio ambiente e, geralmente, tem uma cabeça muito boa, apesar de não ser muito adepta de novidades e modernidades, tipo piercing, tatuagens e sexualidades diversas do tradicional. Ela se separou do meu pai há alguns anos, mas ele já é falecido. Eu e ela tivemos alguma dificuldade durante minha adolescência, ela me comparava ao meu pai e achava que, apesar de muito inteligente, como meu pai, eu era sonhadora demais e isso ela considera um defeito. Ela sempre achou que por isso eu não teria estabilidade financeira, mas não foi o que aconteceu.

E se puder me ajudar será ótimo!!! Muito, muito, muitíssimo obrigada pela sua atenção.

Oi! Sinceramente não acredito que minha mãe esteja a meio caminho da aceitação. Ela simplesmente não me culpa, e sim à Taís, por essa situação. Com a minha primeira namorada, ela teve a certeza e discutimos esse assunto aberta e histericamente. Ela a acusava de doente (minha namorada), que isso era doença e que a culpa por eu estar assim era dela. Na segunda namorada, morei com ela porque não suportava mais a pressão e a convivência era impossível, minha mãe ignorava minha sexualidade, minha casa, minha vida e meus amigos. E só a recebeu em casa quando, depois do término do meu relacionamento, me viu sofrer e chorar por meses. Fiquei doente e minha ex-namorada foi me visitar, preocupada, aí minha mãe foi cortês e educada.

Este é meu terceiro relacionamento e o mais sério deles. Teve um início complexo e difícil, mas desde outubro do ano passado anda seguro e estável, e exatamente nesse momento ela não suportou fingir que aceitava ou tentar aceitar, ela tentava porque não acreditava que ia em frente, tenho certeza! Quanto ao ciúme, concordo contigo, percebo que minha mãe tem ciúmes, mas me afasta ainda mais dela assim. Ela também tinha ciúmes de quase todos os namorados que tive antes de assumir minha sexualidade, exceto de um.

E acredito que o ciúme dela vá além, não pela Taís ser uma mulher, mas por ser meu relacionamento mais sério, pela idade próxima à dela e por ser o único que me fez montar uma casa, uma família, e que pretendo ter meus filhos. Pelo apoio que recebo da família da Taís, principalmente da mãe que cuida de mim e me protege como a uma filha.

Fico triste de a minha mãe fazer questão de não participar da minha vida e não se permitir enxergar a minha vida de um modo real, e assim poder ver que tenho sido feliz. E por ela se iludir que sou uma princesa e não posso ter problemas, que a felicidade deve ser uma constante na minha vida, quando não é na vida de ninguém! Todos têm problemas e não são menos felizes por isso, a vida é feita de alegrias e tristezas e é isso que nos faz crescer.

Não quero te encher com os meu problemas... Obrigada!

"ESPANCÁ-LA ATÉ ELA VIRAR MULHER DE NOVO"

CARLA (25 ANOS, UNIVERSITÁRIA)

Eu tenho (ou seria tinha?) uma namorada de 24 anos. Em março nosso namoro completou um ano. Sempre enfrentamos muitos problemas, com pessoas próximas sempre interferindo em nossa relação.

No ano passado, a mãe dela descobriu nosso relacionamento (o irmão dela contou) e foi um "Deus nos acuda", pressão psicológica etc. A mãe tem problemas de saúde e tudo o mais, enfim. Ela chegou a terminar comigo, tamanha a pressão.

Depois de minha insistência, voltamos. Ela chegou a enfrentar a mãe e dizer que não adiantava a mãe a tratar mal ou ficar fazendo cara feia, porque ela já é maior de idade, me amava e ia ficar comigo. Depois dessa conversa que ela teve com a mãe, tudo ficou muito calmo, e minha "sogra" passou a me tratar melhor. Ela nunca me tratou mal, mas, depois que soube, começou a dar algumas alfinetadas. Acabaram as alfinetadas e estava tudo muito bem.

Homofobia

Até que meu irmão (que é muito amigo deles, é tratado como filho pelos pais dela) contou ao pai da minha namorada sobre nosso relacionamento. No momento estou proibida de ir até ela, o "velho" não quer me ver nem pintada de ouro, e, pelo que sei dele, lhe disse coisas horríveis, a ponto de ela dizer que nunca fora tão humilhada! Ele disse a ela que se soubesse que ela tivera qualquer contato comigo, iria espancá-la até ela "virar mulher" de novo. Ela está morrendo de medo dele, terminou comigo por telefone e me pediu para esquecê-la. Ele me disse que está poupando não só a minha vida como a dela também. Ela abandonou os cursos que fazia e só sai de casa para trabalhar. Disse que fará a vontade dele, e viverá para cuidar dos pais até que estes partam.

Tento falar com ela, mas ela me trata mal. Minha mãe me apoia e quer falar com ela também, mas ela não quer. Sempre tive uma relação muito boa com o pai dela, ele me tratava como filha dele. Entendo o quanto ele deve estar em choque, pois aprendi com meu pai que ninguém quer ter um filho homossexual, mas, se o tem, vai fazer o quê? Jogar na rua? Matar? Ele me ensinou que existe amor de pai...

Minha mãe pede para eu ter paciência que logo as coisas vão se acertar, mas sei o quanto o pai dela é orgulhoso, e temo porque ela já entregou os pontos. Temo que essa situação fique muito cômoda pra ele e nunca mude. Não sei mais o que fazer. Hoje decidi que irei me afastar dela, pelo menos por enquanto, pois esse contato está me desgastando. Não quero mais fazer o jogo do "me chute", e me dói muito a forma como venho sendo tratada. Minha mãe disse que ela está agindo assim para tentar me proteger, e se proteger, até mesmo porque não sabemos exatamente o que esse pai disse a ela. Só sei que ela foi chamada de "desgraçada" pra baixo, como me disse, e que se ele me visse de moto na cidade (eu ando de moto) passaria por cima de mim.

Não sei mais o que fazer. Sei que é tudo muito recente (a bomba estourou domingo agora), mas é que está doendo muito, muito. Como devo proceder?

▫

Sabe, amiga, essa noite eu sonhei que havia ligado para a mãe dela. Entre as minhas perdas, além do relacionamento, dos planos que fizemos, sinto muito pelo amor e carinho pelos pais dela. Meu pai é falecido, e, muitas vezes, sinto que projetei no pai dela o abraço, o carinho de que, em determinado momento, senti falta. Já pensei em procurá-lo, tentar conversar, dizer a ele que não sou assim porque quero. (Deus! Se ele soubesse que, se em algum momento eu tivesse escolha, jamais teria optado por ser assim, diferente da maioria castradora.) Pensei em escrever uma carta dizendo toda a admiração que sinto por ele, dizendo do amor que sinto pela filha dele, e o quanto ela demonstrou felicidade nesse ano que passou. Mas, ao mesmo tempo, quando penso nessa minha necessidade, sinto que é em vão e temo só piorar as coisas...

Dia desses, eu disse que iria à casa dela pra devolver as coisas que estavam comigo. Ela entrou em desespero e me implorou que deixasse seu pai em paz. Que não me ver foi um pedido que ele fez e que eu devia respeitá-lo. Sinto-me impotente, saio de casa com muito sacrifício, e é sempre um sofrimento. Penso nela o tempo todo, em todos os momentos juntas. Peço a Deus força, tenho orado bastante, e me pergunto diariamente: Até quando?

Amiga, perdoe o desabafo!

▫

Amiga, não sei se saber que ela me ama é bom ou ruim. Mas agora estou mais consciente de tudo, e estou seguindo a minha vida. Ela não me deu direito de escolha, tomou uma decisão por nós duas, sem ao menos me consultar, assim, não há nada que eu possa fazer.

Quando questionei isso ela disse: "Você não ia aceitar meu pai". Claro que não, e não aceito mesmo. Por que eu tenho que aceitar o pai dela como é, se ele não aceitar a mim? Por acaso ele é Deus? Ele é melhor do que eu? Percebo também que ela não quer me ouvir, não permite que eu me expresse, pois, sempre que tento, ela diz "chega", "pare", "não quero ouvir mais nada". Eu respeito.

Estou vivendo a minha vida, sem ela. Adaptando meus planos. Não sei o que será de mim amanhã! Não sei se voltarei a ser feliz com ela, ou se encontrarei alguém que mereça meu amor. Só sei que estou vivendo, e quero poder contribuir para esse mundão de meu Deus, pois sei que todos nós temos uma missão aqui, e quero cumprir a minha, poder ajudar as pessoas com minha profissão. Talvez eu passe o resto da minha vida sem me relacionar com outra pessoa, mas não quero pensar nisso, estou vivendo um dia de cada vez. E se algum dia ela quiser ouvir o que penso, se eu estiver disposta abro meu coração.

Sabe?! Pensei muito, refleti e percebi que sou uma pessoa muito especial, que tenho amigos especiais, ótimos professores e não posso desperdiçar isso. Como diz aquela frase do Raul Seixas: "Eu tenho uma porção de coisas grandes pra conquistar, eu não posso ficar aí parado". Acho que é isso. Ela me ama, eu tenho certeza disso, mas não o suficiente pra ficar comigo, e ao longo do nosso relacionamento ela deu pistas, eu é que não quis enxergar. Hoje, afirmo com toda convicção que não acredito mais no amor, não no amor romântico, o amor que tudo supera. Eu amei cada momento ao lado dessa mulher, mas tenho que entender que acabou. Eu achava que nosso amor superaria tudo, enfrentaria todos os obstáculos por si só, e hoje vejo que isso não existe. É preciso ter amor? Sim, é fundamental, mas é preciso mais, é preciso ter disposição, cumplicidade, e principalmente coragem!

Ela me ama, sim, nunca duvidei disso, mas lhe falta amadurecimento. Estamos aqui num processo de evolução, e eu não posso evoluir por ela. Tenho vontade de dizer tudo isso a ela, mas, como disse, ela não está preparada. Quanto ao meu irmão, não o culpo, pois mais cedo ou mais tarde isso iria acontecer, o que não justifica sua atitude. Dele, tenho pena. E me dou o direito de não falar com ele. Sinto por minha sobrinha e afilhada de dois aninhos, o ser que eu mais amo neste mundo e que, como diz a minha mãe, não tem culpa de nada, e eu concordo. No entanto, eu não quero ser acusada amanhã de má influência, já que meu irmão diz que sou louca e preciso de tratamento psiquiátrico (que já faço porque tenho depressão), além de lésbica, né? Então, arco com a consequência de minha decisão e ato.

Me sinto bem. Nos e-mails anteriores, eu estava tomada de um desespero que não conseguia pensar. Acho que agora estou mais consciente e sensata. Penso que, se ela quiser ficar comigo, terá de me reconquistar e provar que é digna do meu amor.

"NAMORO UMA MULHER DE QUASE 60 ANOS"

LORENA (35 ANOS, PSICÓLOGA)

Olá, Dona Edith! Meu nome é Lorena, tenho 35 anos, sou homossexual. Escrevi para a senhora em dezembro do ano passado, relatando de maneira resumida a minha situação. Acredito que atenda milhares de pessoas e, portanto, peço perdão por repetir mais ou menos o mesmo e-mail.

Como disse, eu namoro uma mulher de quase 60 anos, que, antes de se envolver comigo, era amiga da minha mãe. Minha mãe diz que isso é sem-vergonhice, que a outra devia ter contido seus impulsos, que me desencaminhou, enfim, aquela ladainha que a senhora deve conhecer bem. Minha mãe a acusa de me prejudicar em todos os aspectos da minha vida e em momento nenhum para pra pensar que amor acontece.

Ela (minha mãe) é espiritualista, mãe de santo de candomblé, porém de uma mentalidade tacanha no que se refere à sexualidade. Diz que o envolvimento amoroso entre duas mulheres se dá por conta de falta de competência pra manter um relacionamento heterossexual, afirma que homossexualidade é doentia. Só enxerga pecado, "putaria", não vê que alma não tem sexo, os amores acontecem por afinidades... Ai, ai, ai...

Estou fazendo psicoterapia pra me fortalecer e dar um rumo na minha vida, afinal preciso ser feliz!

Bom, hoje, conversando com minha mãe, mais uma vez ela disse que minha namorada e eu a rotulamos de louca. Eu disse que Tânia jamais diria uma coisa dessas. Porém, a estrutura de personalidade de minha mãe é histérica, gosta de dramatizar e ser o centro das atenções. Digo isso por ser psicóloga e conseguir ainda, no meio desse turbilhão, fazer algumas distinções. Como estava dizendo, sinalizei que psicoterapia é pra todo mundo e não somente para os desequilibrados. Aí então ela me disse que talvez fosse bom para aprender a lidar com a situação, o que achei ótimo, pois lembrei, de imediato, do que a senhora me disse.

Ela contou ao filho da minha namorada e aos meus avós sobre a relação, buscando assim destruir ou minar o sentimento que existe entre nós, nosso amor. Não conseguiu, pois os filhos de Tânia nos apoiam. E só conseguiu, dos meus avós, que ficassem com raiva de Tânia. Claro que sofremos com isso, porque onde minha mãe vê pecado e imoralidade eu vejo e sinto amor. Amor de verdade, sabe, Dona Edith?

Tânia e eu sofremos muito com essa situação. Hoje, ela mora em outro Estado, mas todos os dias nos falamos; e nos vemos com certa regularidade. Tudo que quero é ser feliz com a pessoa que amo e, mais que isso, fazer Tânia feliz. Acredito mesmo que, como a senhora diz, não seja fácil pra um pai ou mãe ter um filho diferente no aspecto da sexualidade, mas que culpa temos? Minha mãe diz que é escolha, e até concordo com ela: escolha entre ser feliz – amando e sendo amado por alguém do mesmo sexo – ou ser infeliz – casando com alguém do sexo oposto, pra agradar aos outros –, fazendo quem você ama sofrer.

Eu PRECISO DE AJUDA!

Tânia é a pessoa que me completa, independentemente de idade ou sexo, é o amor da minha vida. Uma mulher íntegra, honesta, centrada, correta, transparente, sincera. Quero muito que minha mãe veja que Deus colocou no meu caminho a pessoa que sempre pedi em oração e que não olhe somente que o sexo dela é igual ao meu, que a idade de Tânia é igual à dela...

Preciso mesmo de ajuda, por favor, me oriente como fazer com que minha mãe chegue até a senhora e pare de tentar nos boicotar, nos expor, nos trair... Não quero que minha vida fique a mercê de outras pessoas, de quem quiser. Só quero paz pra viver com meu amor e minha família.

Mais uma vez eu peço que me ajude! E muito obrigada por ler este e-mail desabafo. Deus a abençoe! Beijos.

"MINHA MÃE NÃO SE CONFORMA"

CELINA (39 ANOS, DONA DE CASA)

Olá, amiga. Apesar de estar precisando muito falar com você, demoro a escrever pois não tenho internet em casa. Da última vez que escrevi perguntei se você poderia comunicar-se com uma de minhas irmãs a respeito da minha mãe, lembra? Mas muita coisa aconteceu de lá pra cá. Mamãe viajou de surpresa para onde mora minha tia, para passar lá o "dia das mães"... Sei que ela quis me castigar. Minha mãe não se conforma que eu durma uma noite fora de casa depois de mais de um ano que estou fazendo isso. Ela sempre teve muita saúde, mas agora, mais idosa, sente algumas coisas da idade. Faz quase um mês que está com o corpo todo doído e foi a um especialista. Vai fazer alguns exames, parece que é reumatismo. Procuro ajudar em tudo que posso, atualmente mais do que nunca. Tento chegar cedo em casa durante a semana, mas no fim de semana quando quero dormir na casa de Sônia, minha namorada, ela não perdoa. Disse novamente esse domingo que a Celina, filha dela, morreu.

Achei que ela estava melhor, pois está tomando remédios. Confirmei com minha irmã que ela dormiria em casa, portanto minha mãe não ficaria sozinha. Mas tudo que eu faço é condenado, até os trabalhos que tento arrumar para cobrir o horário livre que tenho são desvalorizados... Nada do que faço tem valor. Ela acha que agora tudo está relacionado à Sônia, minha namorada. Não adianta dizer que continuo e sempre continuarei me preocupando com ela, é só para ouvir coisas que me agridem ainda mais. Tudo isso por eu ter sido uma adolescente e uma jovem que quase nunca saía de casa, e gostava mesmo de estar em casa, de ficar com minha mãe. Eu não tinha noção de que estava criando um costume e mais tarde não teria liberdade. O fato de eu ser sempre quieta e caseira causou nela uma decepção maior ainda por saber agora que sou homossexual.

Por outro lado, minha namorada, que sempre quis um relacionamento sério, sente falta de ficarmos mais tempo juntas, inclusive durante a semana. Mas como posso fazer isso se, para dormir fora um dia do fim de semana, a casa só falta cair na minha cabeça? Às vezes, Sônia fica cansada de esperar que as coisas melhorem para nós. Estava chateada comigo e disse que está muito desmotivada com esse relacionamento. Ontem, quando fui dormir na casa dela, conversamos e melhorou um pouco. Sei que nos gostamos, mas tenho medo de perder alguém tão especial.

Não sei como será daqui pra frente. Minha mãe disse que não dormiu à noite (sempre que não durmo em casa ela perde o sono), acordou mais doída. Sinto culpa, sei que algumas pessoas da família jogam a culpa em mim e me acham sem coração. Sinceramente, amiga, às vezes entro em desespero pensando no que vou fazer da minha vida! Se eu passasse em um concurso e fosse morar fora daqui, teria uma boa razão para sair de casa. E não queria sair de casa agora. Sei que outras pessoas, o meu irmão, sua mulher e seus filhos dariam toda a atenção necessária a ela, mas sei e sinto que ela me quer pertinho, afinal são 39 anos (a minha idade) de convivência com minha mãe. Tínhamos muitos planos para realizar juntas, mas morando em casa e tendo um relacionamento homossexual está ficando cada vez mais complicado.

O que eu queria era poder dormir na casa de Sônia, sempre que a gente quisesse; poder dividir minha vida de fato com outra pessoa. E poder, além disso, realizar os sonhos que tenho com minha mãe. E no momento certo ficar ao lado de Sônia para construirmos uma vida juntas, até morando aqui mesmo nesta cidade, para sempre poder dar atenção à minha mãe quando ela precisasse. No entanto, o preconceito faz tudo ficar tão complicado e há horas que tenho medo de perder minha mãe e ficar com remorso para toda minha vida – como já me jogaram na cara que isso pode acontecer – ou que Sônia perca a paciência de vez. Então, dá vontade de fugir de tudo isso, pensar só em mim, sumir daqui. Tantas vezes agora me sinto à beira de um abismo, não sei o que isso significa, parece uma ameaça, algo querendo dizer: "Não tem jeito, por onde você correr essa história não vai acabar bem". Isso é um desabafo, amiga, obrigada por ler.

O estrago que faz a chantagem materna e o sentimento de culpa

Querida amiga, só hoje vi sua nova mensagem. Você parece estar morando dentro de minha casa, sinto que é isso mesmo que está acontecendo. Deixei de ficar com Sônia nos dois últimos finais de semana, não sei como vai ser este. À noite minha mãe tem sentido muitas dores (está com tendinite), tem dificuldades para levantar sozinha da cama, preciso ajudar no almoço etc. O que quero dizer é: preciso mesmo estar muito presente, nesse momento, mas tenho a sensação de que estão pensando que vou recuar ou mesmo desistir de tudo. Talvez achando que estou com a consciência pesada e me dedico à mamãe agora para me redimir, quando, na verdade, sempre estive lá a qualquer momento que ela precisasse. O importante é que estou prestando atenção nisso, e não vou desfazer o que já está feito. Foi muito árduo chegar até aqui, conquistar o espaço que tenho hoje (e ainda tão insuficiente).

Sair de casa, como você sugeriu... Não posso mais ignorar que é o caminho para minha autonomia e para ter o respeito até da minha mãe, que parece pensar que pode dizer todos os absurdos possíveis e me magoar quando está com raiva. Muitas vezes, sinto raiva também, e é nessas horas que mais sinto vontade de sair de casa. Estou protelando demais esse sofrimento. O que você me escreveu soou forte para mim, porque sei que essa é a única solução. Confesso, tenho medo do rompimento por parte de minha mãe, mas ninguém envolvido (mamãe, Sônia e eu) aguenta essa angústia por muito mais tempo.

Amiga, agradeço muito por sua atenção. Deus nunca nos deixa sozinhos. Obrigada.

NOTAS

1. Endereço eletrônico: <www.gph.org.br>.
2. Modesto, Edith. *Vidas em arco-íris – Depoimentos sobre a homossexualidade*. Rio de Janeiro: Record, 2006.
3. Modesto, Edith. *Mãe sempre sabe? Mitos e verdades sobre pais e seus filhos homossexuais*. Rio de Janeiro: Record, 2008.
4. Depoimento concedido em 2001.
5. Depoimento concedido em 2002.
6. Depoimento concedido em 2003.
7. Depoimento concedido em 2001.
8. Depoimento concedido em 2002.
9. Atual 8º ano do Ensino Fundamental II.
10. Depoimento concedido em 2000.
11. Atual Ensino Médio.
12. Depoimento concedido em 2008.
13. Depoimento concedido em 2001 e revisto em 2009.
14. Depoimento concedido em 2001.
15. Depoimento concedido em 2008.
16. Depoimento concedido em 2004.
17. Atual 6º ano do Ensino Fundamental II.
18. Depoimento concedido em 2002.
19. Depoimento concedido em 2009.
20. Atual Ensino Médio.
21. Depoimento concedido em 2008.
22. Depoimento concedido em 2008.
23. Depoimento concedido em 2008.
24. Bulletin Board System (BBS): software por meio do qual é possível fazer a interação entre computadores.
25. Depoimento concedido em 2008.
26. Depoimento concedido em 2008.
27. Apetrechos sexuais que imitam o órgão sexual masculino.
28. Depoimento concedido em 2008.
29. Depoimento concedido em 2008.
30. Depoimento concedido em 2008.
31. Endereço eletrônico:
<http://br.groups.yahoo.com/group/familiasalternativas/>.
32. Depoimento concedido em 2009.
33. Depoimento concedido em 2008.
34. Todos os depoimentos da Parte II foram concedidos em 2008.

leia também

ERA UMA VEZ UM CASAL DIFERENTE

A TEMÁTICA HOMOSSEXUAL NA EDUCAÇÃO LITERÁRIA INFANTO-JUVENIL

Lúcia Facco

Esta obra discute até que ponto a educação literária de crianças e adolescentes pode diminuir o preconceito e a discriminação, mostrando como determinados títulos trabalham a temática de forma adequada. Com caderno de atividades especialmente direcionadas a professores.

REF. 10531 ISBN 978-85-323-0531-2

FAZ DUAS SEMANAS QUE MEU AMOR

E OUTROS CONTOS PARA MULHERES

Ana Paula El-Jaick

Prosa direta, redonda, envolvente, permeada de inteligência e bom humor. Assim se define este livro de Ana Paula El-Jaick. Em contos curtos e irreverentes, a autora fala do cotidiano de mulheres que amam, desiludem-se, enfrentam preconceito, descobrem-se, camuflam-se, divertem-se, transmutam-se. Leitura cativante.

REF. 30046 ISBN 978-85-86755-46-0

GRRRLS

GAROTAS IRADAS

Vange Leonel

A festejada cantora, compositora e autora da peça *As sereias da Rive Gauche* comenta aqui, com ironia e muito conhecimento de causa, os variados aspectos da vida, da cultura e dos relacionamentos das lésbicas modernas.

REF. 30027 ISBN 85-86755-27-3

dobre aqui

CARTA-RESPOSTA

NÃO É NECESSÁRIO SELAR

O SELO SERÁ PAGO POR

AC AVENIDA DUQUE DE CAXIAS
01214-999 São Paulo/SP

dobre aqui

recorte aqui

edições GLS

CADASTRO PARA MALA-DIRETA

Recorte ou reproduza esta ficha de cadastro, envie completamente preenchida por correio ou fax, e receba informações atualizadas sobre nossos livros.

Nome: ______ Empresa: ______
Endereço: ☐ Res. ☐ Coml. ______ Bairro: ______
CEP: ______-____ Cidade: ______ Estado: ____ Tel.: ( ) ______
Fax: ( ) ______ E-mail: ______ Data: de nascimento: ______
Profissão: ______ Professor? ☐ Sim ☐ Não Disciplina: ______

1. Você compra livros:
☐ Livrarias ☐ Feiras
☐ Telefone ☐ Correios
☐ Internet ☐ Outros. Especificar: ______

2. Onde você comprou este livro?
______

3. Você busca informações para adquirir livros:
☐ Jornais ☐ Amigos
☐ Revistas ☐ Internet
☐ Professores ☐ Outros. Especificar: ______

4. Áreas de interesse:
☐ Astrologia ☐ Literatura, Ficção, Ensaios
☐ Atualidades, Política, Direitos Humanos ☐ Literatura erótica
☐ Auto-ajuda ☐ Psicologia
☐ Biografia, Depoimentos, Vivências ☐ Religião, Espiritualidade, Filosofia
☐ Comportamento
☐ Educação ☐ Saúde

5. Nestas áreas, alguma sugestão para novos títulos?
______

6. Gostaria de receber o catálogo da editora? ☐ Sim ☐ Não

Indique um amigo que gostaria de receber a nossa mala-direta

Nome: ______ Empresa: ______
Endereço: ☐ Res. ☐ Coml. ______ Bairro: ______
CEP: ______-____ Cidade: ______ Estado: ____ Tel.: ( ) ______
Fax: ( ) ______ E-mail: ______ Data de nascimento: ______
Profissão: ______ Professor? ☐ Sim ☐ Não Disciplina: ______

Edições GLS
Rua Itapicuru, 613 7º andar 05006-000 São Paulo - SP Brasil Tel.: (11) 3862-3530 Fax: (11) 3872-7476
Internet: http://www.edgls.com.br e-mail: gls@edgls.com.br

cole aqui